TEXT+KRITIK

Heft 102
B. TRAVEN
April 1989

60 0361881 2

KU-615-668

WITHDRAWN

NOTTINGHAM UNIVERSITY LIBRARY

INHALT

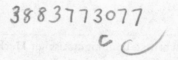

6003618812

Beat Sterchi

B. Traven: Abenteuerschriftsteller enigmatischer Herkunft?

Es ist ungefähr zehn Jahre her, daß ich mich einmal schrecklich ereiferte, weil ein Studienkollege meine Begeisterung für B. Traven nicht im geringsten zu teilen gewillt war. Wir saßen zusammen in der Mensa der McGill-Universität von Montreal und mißtrauten uns. Wir rauchten kurze, dicke *John Players Navy Cut* und fingerten und drückten an den Plastikbechern aus dem Kaffeeautomaten rum, die leer vor uns standen.

Oh, es war schön, über Literatur zu streiten, als ginge es um Leben und Tod.

Mein Kommilitone mißtraute mir, weil ich eben zwei Jahre in Latein-Amerika verbracht hatte, weil ich mich für sozialistische Ideen interessierte und weil ich über so einen unliterarischen Mann wie Traven eine Arbeit schreiben wollte. Ich mißtraute ihm, weil er aus New York stammte, weil er politische Diskussionen für sinnlos hielt und weil er dabei war, eine Arbeit über Gertrude Stein zu schreiben.

Weit ausholend hatte ich eben über die undurchsichtige und rätselhafte Biographie dieses bescheidenen B. Traven geschwärmt. Mich beeindruckte, wie er seine Person weit hinter sein Werk stellte, wie er sich geschickt dem Zugriff der Klatschjournalisten verweigert hatte. Du mußt einfach sehen, sagte ich zu meinem Kollegen, daß da einer wirklich beim Wort genommen werden wollte. Dem war es ernst mit seinen Geschichten.

Aber mein Kollege hatte längst begonnen, aus Ungeduld so heftig an den leeren Plastikbechern rumzudrücken, daß sie unangenehm quietschend zerbarsten. Ihm seien abenteuerliche Biographien unsympathisch, behauptete er etwas kühl. Nur weil einer viel rumgereist sei, bedeute das noch lange nicht, daß er über Welterfahrung verfüge, und Welterfahrung wiederum garantiere gar nicht unbedingt einen guten Text.

Klar, sagte ich dann, Literatur soll Alltägliches beschreiben, sie soll Erfahrbares vertiefen, sie soll aber auch Unzugängliches erfahrbar machen. Kein Mensch ist eine Insel, alles hat bekanntlich mit allem zu tun, und deshalb bin ich dankbar, daß es nicht nur den großen Conrad gibt, der das Meer und die Seefahrt von der Kapitänsbrücke aus beschrieben hat, sondern auch den guten alten Traven, der hinabgestiegen ist in das »Totenschiff«, der uns auf Grund seiner Erfahrungen Einblick gewähren konnte in das Leben der Matrosen und Maschinisten, die verheizt wurden wie die Kohle, die sie schaufelten. Doch, sagte ich, dank der Romane von B. Traven weiß ich mehr über diese Welt und über die Menschen, die vielleicht anders als

3

ich, aber eben auch auf dieser Welt leben, seien es nun Indianer oder Arbeitslose.

Oh, sicher! Wären Romane Schulaufsätze, die fein säuberlich nach Schrift, Inhalt und Form getrennt zu bewerten wären, dann könnten wir Deinem Traven für den Inhalt ohne Bedenken eine Eins ausstellen. Aber wäre das Kunst?

Endlich wußte ich, worum es ging, worüber wir eigentlich stritten. Ich hatte verdrängt, daß für die meisten Studenten die Literatur kein Mittel zur Auseinandersetzung mit der Realität, die wir lebten, und Traven deshalb auch kein Thema war. Was interessierte, das waren Strukturen. Wie ist der Text gebaut? Wie verhält sich das Einzelne zum Ganzen oder das Ganze zum Einzelnen? Ist das Buch in sich selbst geschlossen? Löst die Sprache ein, was sie vorgibt? Realitätsbezug, Wahrheitsgehalt, moralischer Anspruch, Literatur als Dokument oder gar als Mittel zur Aufklärung war nicht gefragt. Bequemerweise hatte man im anscheinend unauflösbaren Widerspruch zwischen Form und Inhalt verfügt, daß Literatur nur mit Literatur etwas zu tun haben kann.

Heute würde ich allerdings so schnell nicht aufgeben.

Ich würde meinem Kommilitonen von damals entgegnen, er möchte doch mal eines der berühmten Kultbücher der sogenannten *beat generation*, beispielsweise »On the Road« von Jack Kerouac, dessen ›lockere Schreibe‹ so oft gelobt worden ist, zur Hand nehmen und mit »The Death Ship« im Original vergleichen. Vielleicht offenbaren sich ihm heute mehr sprachliche Qualitäten, als wir beide damals vermutet hätten.

Traven war bestimmt kein Meister des endlosen Schachtelsatzes, er war kein stilistischer Provokateur, kein Virtuose des hohen Tones. Aber die packende Stimmung vermochte er mit dem treffenden Wort herbeizuzaubern, vielleicht grenzt seine Ironie für den menschlich Unbeteiligten in späteren Büchern oft an Zynismus, doch von ›unliterarischer Zufälligkeit‹ kann nirgends die Rede sein. In unauffällig, aber kunstvoll durchkonstruierten Passagen erweist er sich als Meister des Porträts, in etlichen Dialogen zeigt er dramatisches Geschick.

Trotzdem ist B. Traven auch jetzt gerade mal wieder nicht in Mode, obschon er noch immer fleißiger gelesen wird als einige der Autoren, die beim Erscheinen seiner ersten Romane die ›eigentliche Literatur‹ ausmachten. Traven war damals ein Außenseiter, wenn auch ein sehr erfolgreicher, und er ist es geblieben, denn niemand weiß so recht, wohin mit ihm. Ob er besser Englisch oder besser Deutsch schreiben konnte, ob er für einen Deutschen sehr gut Englisch oder für einen Amerikaner sehr gut Deutsch sprach, welche Holprigkeiten tatsächlich ihm, welche aber den Übersetzern und der Willkür der Lektoren zugeschoben werden müssen, man weiß es nicht. Er paßt in keinen Kanon, und den üblichen Werkzeugen der Literaturforschung entzieht sich das Wesentliche seiner Bücher. Behelfsmäßig greift man zu Etiketten wie ›Abenteuerliteratur‹, versucht, ihm mit der verharmlosenden Formel ›internationaler Bestsellerautor‹ beizukommen,

4

vergißt dabei aber, daß ihm die Motive, nämlich das Streben nach Ruhm und Reichtum, die üblicherweise der sich beim Massenpublikum anbiedernden Unterhaltungsliteratur vorausgehen, ferner nicht hätten sein können.

B. Traven. Fotografie vermutlich aus dem Jahre 1917.

Schon in den zwanziger Jahren ließ dieser ›Abenteuerschriftsteller enigmatischer Herkunft‹ den Nord-Süd-Konflikt, die ganze Problematik der Umwelt- und Arbeitsentfremdung in das Spannungsfeld seiner Themen einfließen. Er war zwar zweifellos anarchistisch geprägt, stellte aber transzendental dem zweifelhaften kapitalistisch-materialistischen Fortschrittsdenken fernöstliches und indianisches Gedankengut gegenüber. Er kann für sich beanspruchen, daß er an den großen Mythen des zwanzigsten Jahrhunderts längst zu kratzen begonnen hatte, als andere, literarisch weit höher eingestufte Autoren noch eifrig dabei waren, sie aufzubauen.

5

Heiner Boehncke

Arbeit und Abenteuer

I   Heldenarbeit: wunderbare Kräfte, hilfreiche Geräte

Arbeit und Abenteuer scheinen voneinander sehr weit entfernt; denn Abenteuer pflegen zwar von Mühsal, Hindernissen und Katastrophen begleitet zu werden, Arbeit aber als die langweiligste Methode der Überlebenssicherung wird in der Abenteuerliteratur seit je vermieden. Darin gerade unterscheidet sich der Abenteurer vom Arbeiter, daß er die Schwerkräfte anders handhabt, als in der Formel von ›Kraft mal Weg‹ vorgezeichnet ist. Seine Kräfte sind grenzenlos, seine Wege auch. Nicht immer freilich und auch nicht überall, sonst müßte ja um das Schicksal des Helden nicht in langen Lektürenächten gefürchtet werden. Im entscheidenden Augenblick aber, wenn sein Schicksal auf der Kippe steht und die Gefahr quälend zugespitzt wird, dann wachsen dem Helden wunderbare Kräfte zu, die ihn gerechterweise retten. Es ließe sich eine Geschichte der Abenteuerliteratur schreiben einzig im Hinblick auf die jeweilige Ersetzung von Arbeit durch fremde Wunder oder eigene Tricks.

In der »Dialektik der Aufklärung« haben Adorno und Horkheimer die Abenteuer des Odysseus als »gefahrvolle Lockungen« beschrieben, »die das Selbst aus der Bahn seiner Logik herausziehen«[1]. Er überläßt sich ihnen immer wieder und erprobt die Kräfte seiner Identität im Kampf gegen die Naturgottheiten. Die ihm auf seiner Irrfahrt nach Hause auferlegten Arbeiten erledigt er mit List. »Der Seefahrer Odysseus übervorteilt die Naturgottheiten wie ein zivilisierter Reisender die Wilden, denen er bunte Glasperlen für Elfenbein bietet.«[2]

Wenn Odysseus sich in seinen Abenteuern aus den mythischen Verstrickungen durch List und Tricks löst, wenn er sich seiner Aufgaben durch Täuschung und – wie im Falle des Kyklopen – durch Sprachspiele entledigt, trägt er am Ende nicht nur den Sieg über die mythischen Naturgewalten davon; für alle zukünftige Abenteuerliteratur dient als ein Muster, daß der Held sich an den Hindernissen und Gefahren nicht blindwütig abarbeitet, daß er vielmehr mit instrumenteller Magie über alle Widerstände hinweggleitet. Der Abenteurer arbeitet niemals gleichzeitig in bestehenden Produktionsverhältnissen, entweder unterläuft er sie regressiv, oder er flieht sie antizipatorisch.

Von Siegfrieds Schwert Balmung über Cyrano de Bergeracs Flugapparat zu Käpt'n Nemos U-Boot und weit darüber hinaus zu den Rettungsgeräten von James Bond haben die Verfasser von Abenteuerbüchern ihr Personal mit Werkzeugen und Maschinen ausgerüstet, die den Helden die Arbeit abnehmen. Die instrumentelle Phantasie schafft Automaten des Abenteuers, magische Geräte, die siegreich klärend eingreifen, wann immer große Gefahren abzuwehren, Zeit und Raum in höchster Eile zu überwinden sind. Aber auch die Arbeitsverhältnisse unterliegen den Wünschen des Helden. Seine Welt verwandelt sich in eine Kulisse, in der sich Landschaft und Bevölkerung dem Weg und dem Willen des Abenteurers einpassen.

So bekommt der Abenteurer Welt und Werkzeug geliefert, die im Traumland der Lektüre mit Sinn gesättigt sind. Jede Höhle, jeder Felsvorsprung, jeder Sturm und jede Feuersbrunst, alle Feinde und Schurken, Guten und Couragierten folgen der straff geführten Dramaturgie[3] des Abenteuers.

Nichts und niemand geht verloren, alles ist dem imaginären Zentrum, der schließlich bestandenen Prüfung des Helden, zugeordnet.[4]

Dabei bleiben die Arbeiten der Helden nicht abstrakt im Niemandsland. Im Gegenteil, seit der ›picaro‹, der von den Gewalten in Natur und Gesellschaft umhergeworfen wird, durch Abenteurer abgelöst wurde, die freiwillig, nur den literarischen Strategien des Autors und den Bedürfnissen der Leser folgend, in Not und Gefahr geraten, lassen sich die scheinbar exterritoriale Kulisse und die unhistorische Zeit der Abenteuer meist entziffern als ›kompensatorische Welt‹. Was in der Wirklichkeit fehlt, ist dort im Überfluß vorhanden; im ›Schlaraffenland der Wünsche‹, wo weniger gegessen und getrunken als sinnvoll und auf die Entwicklung des Helden zentriert gelebt und gekämpft wird, flieht das Abenteuer nicht die Welt, sondern herrschende Verhältnisse.

1719 erschien der erste Roman des 59jährigen Daniel Defoe: »The Life and Strange Surprizing Adventures of Robinson Crusoe«. Gewiß nicht als archetypische Fibel der bürgerlichen Ökonomie für den didaktischen Bedarf der Jugend konzipiert, läßt sich Robinsons Reise datieren und in der Topographie ökonomischer Wunschlandschaften deutlich markieren. 1651 verläßt Robinson England und reist seinen Abenteuern entgegen. Es ist die Zeit, die von der Bürgerlichen Revolution in England bestimmt wird. Sir Walter Raleigh, der Pirat und Eroberer, ist das Idol des revolutionären Bürgertums des 17. Jahrhunderts, das ganz im Zeichen der ›adventurers‹ (Cabot, Drake, Raleigh) lebt.[5] In ›wilder Ökonomie‹ werden Länder dem Mutterland subsumiert, vermischen sich Handel und Piraterie.

Robinsons Vater ist ein kleiner Händler und Heros des Mittelstandes. Er möchte seinem Sohn, der nichts gelernt hat und deshalb auf Reisen gehen will, die Flausen austreiben: »Er fragte mich, was für Ursachen außer der Lust am Wandern ich habe, um meines Vaters Haus und das Land meiner Geburt zu verlassen, wo mir die Zukunft offenstehe und ich alle Aussicht habe, durch Fleiß und Arbeit mein Glück zu machen und dabei noch ein angenehmes und leichtes Leben zu führen. Er sagte, nur Leute in verzweifelten Umständen oder aber solche, die es weiter als ihre Mitmenschen bringen wollten, wagten sich auf der Suche nach Abenteuern in die weite Welt hinein (...), derlei Dinge seien aber für mich entweder allzu hoch oder gar zu weit unter mir; ich gehöre einmal dem Mittelstand an«, den »er in langer Erfahrung als den besten Stand der Welt befunden habe«[6]. Zur Zeit Daniel Defoes will der Bürger den Ruch von Anarchie und Abenteuer loswerden. Defoe rekonstruiert die Zeit der heroischen bürgerlichen Welteroberung, er will – gegen das (am eigenen Leib oft genug erfahrene) Scheitern mit ökonomischen Projekten zu Hause – zurück in jene Epoche, in der mit unbeschränkten tätigen Phantasien und phantastischen Taten noch Glück zu machen war.

Robinson ist beileibe kein Faulpelz, er will aber nicht zu Hause arbeiten, um als Krämer dem Rat zu folgen, den Defoe den Kleinhändlern erteilte: keine längeren Ausflüge zu unternehmen als vom Laden bis in den ersten Stock und zurück. Er ist von »krankhafter Wanderlust« befallen und muß als über Sechzigjähriger, der längst ein eigenes Kolonialreich besitzt, wieder aufbrechen, um eine private Handelsreise nach Indien und China zu unternehmen. Bei ihm gehören Geschäft und Abenteuer zusammen. Im Gegensatz zum Bürgertum möchte Defoes Robinson erfolgreich wirtschaften und ziellos (›krankhaft‹) wandern. Die Paradoxien des bürgerlichen Heldenlebens, Arbeit und Abenteuer verbinden zu wollen, hat Defoe wie kaum ein anderer beschrieben.

Abenteuerliteratur kann auch gelesen werden als ›Märchen der Arbeit‹. Der Held springt aus den herrschenden Verhältnissen und wird in seinen Taten und Arbeiten zum neuen Menschen. In der Utopie geht es ums Ganze. Hinter dem Horizont wird eine neue Gesellschaft installiert, in der alles nach sorgsam durchdachten Gesetzen funktioniert. Gerechte Herrscher und sinnvolle Einrichtungen regeln das Zusammenleben der Menschen. Die Abenteuerliteratur setzt wie das Märchen auf den Einzelnen. Der Held macht alles selbst, und wenn er Helfer hat oder Feinde, dann dürfen die als gute oder böse Mächte für sich nichts wollen, sie dienen allesamt als Paten seiner Initiation. Dem Abenteurer muß die Welt nur genug Auslauf bieten, damit er ihr zu Wasser, zu Land oder in der Luft seine Kräfte entgegenhalten kann.

An den Initiationsphantasien, der Wiedergeburt kleiner Bürger, Arbeiter oder Händler und Angestellter als Abenteurer, läßt sich ablesen, welchen Gebrauch von ihren Kräften und Fähigkeiten die Menschen eigentlich gerne machen würden.

Nirgends wird dies deutlicher als in der klassischen Abenteuerliteratur des 19. Jahrhunderts. Dort werden all die aus den Traditionen bekannten Räuber, Piraten, Briganten oder Kriegshelden mit neuen Aufgaben versehen. Sie werden in die Ferne geschickt, um als Überwinder der tristen heimischen Verhältnisse und der eigenen, geschwächten Konstitution aufzuleuchten. »Rettung und Erlösung aus dem Elend ist ihr (der Abenteuer- bzw. Kolportageromane des 19. Jahrhunderts, H.B.) Thema, der Widerspruch von Wunsch und vereitelnder gesellschaftlicher Wirklichkeit durchzieht alle diese Romane, indem der Wunsch in eine andere Wirklichkeit vor der Versagung gerettet und dort – unangemessen gegenüber den Verhältnissen, die ihn hervorriefen, befriedigt wird.«[7]

Amerika vor allem wurde zum kompensatorischen Kontinent. Im Deutschland der Restauration Metternichs versickern die Träume von einem demokratischen Leben. ›Demokratisch‹ jedoch bezieht sich nicht nur auf die Staatsform. Es sind damit auch Entfaltungs- und Expansionswünsche der Individuen gemeint.

James Fenimore Cooper, dessen Romane wie »Die Ansiedler an den Quellen des Susquehanna« und die Lederstrumpf-Schriften seit den zwanziger Jahren in Deutschland sehr erfolgreich waren, lieferte das Bild von einem Amerika, das genügend Raum und Glanz bot, um das fragmentierte Leben in Deutschland zu überblenden. Dabei werden die – bei Cooper zunächst latent, später explizit – politischen Gehalte der Abenteuerliteratur kaum wahrgenommen. Selbst von Charles Sealsfield (d.i. Karl Postl), der sich als ›alter Republicaner‹ verstand und sich bewußt vom eher konservativen Cooper absetzen wollte, wünschte man keine bürgerlich-republikanische Tendenzliteratur, sondern das Gemälde eines nicht-entfremdeten, grenzenlosen Amerika, in dessen Wildnis die Trapper, Squatter, Vermesser, Abenteurer und Indianer ihre spannenden Existenzen verwirklichten.

Cooper und Sealsfield, ob sie es wollten oder nicht, schufen die Topographie jener Traumwelt, in die dann Robert Kraft, Karl May, Friedrich Gerstäcker oder Rudolf Scipio (R. Waldheim) ihre Helden entsandten. Als Helden konnten sie sich erst in der Fremde entpuppen.

Nur dort, in einem fiktiv-realen Land, in dem das Älteste mit dem Neuesten, die Wildnis mit der Zivilisation anscheinend glückliche Verbindungen eingingen, konnten die »Individuen, denen die Realität in Deutschland die Möglichkeit der Betätigung versagt hat«[8], zu neuen Menschen werden.

Das neue Glück des Abenteuers kommt durch Regression zustande. Den spätfeudalen Zuständen in Deutschland und der Industriellen Revolution läuft es nach rückwärts davon. Allein in der Wildnis, durch Kampf oder Kooperation mit Indianern, Siedlern, Trappern und Waldläufern verbunden, lebt der Abenteurer in kleinsten Verbänden. Er ›arbeitet‹ mit seinen Sinnen und Instinkten: sieht scharf, hört Äste knacken, riecht Gefahr. Oder er betätigt sich als Schatzsucher, der im großen Fund die Regeln der Ökonomie sprengt. Als ›wilder Bastler‹ und allseitig begabter Handwerker eignet er sich die Sinne und Fertigkeiten an, die ihm zu Hause verkümmerten.

Genau die im Europa der Industriellen Revolution und später im kapitalistischen Staat herrschenden Arbeitsformen und Produktionsverhältnisse verläßt der Held der Abenteuerliteratur. Die Arbeit flieht er, um sie im Abenteuer wiederzugewinnen: als regressiver Held, der das Recht auf eigene Entwicklung und mit Sinn überfüllter vorkapitalistischer Bastelei reklamiert. Das geschieht im literarischen Traum, für den daheimgebliebenen Leser im kompensatorischen Wunschtraum.

Im Wunsch- und Wunderland der Heldenarbeit sind B. Travens Romanfiguren nicht zu finden. Auf engstem Raum, vor den Kesseln des Totenschiffs oder in den Gräben des Schatzgeländes, warten sie vergeblich auf all die phantastischen Gehilfen des Abenteuers. Es wachsen ihnen keine Flügel, sie können nicht zurück und nicht vor. Und dennoch ist bei Traven außer der Arbeit auch das Abenteuer präsent. Dies soll am Beispiel des »Totenschiffs« und des Romans »Der Schatz der Sierra Madre« gezeigt werden.

II »Das Totenschiff«: Schreiben als Aufruhr

»Sie verstanden, in Ihrem Brief mit wenigen Worten mir so viel Begeisterung für das eben geborene Unternehmen einzuflößen, daß ich mich auf einen Ruck hinsetzte und für die Büchergilde Gutenberg das MS ›Das Totenschiff‹ in Deutsch umschrieb und Ihnen für die Büchergilde anbot. Ob das Buch ohne Ihren Brief je zuerst in Deutschland veröffentlicht worden wäre, ja ob es überhaupt je das Licht der Welt in gedrucktem Zustande erblickt hätte, ist nicht ganz sicher. Denn ich mußte auf der Arbeitssuche bleiben und konnte nicht auf gut Glück hin ein Buch ausarbeiten, um damit hausieren gehen zu müssen.«[9] Das schrieb B. Traven 1925 an die eben gegründete Büchergilde Gutenberg in Berlin. »Das Totenschiff« wurde zu einem der größten Bucherfolge der Arbeiterbewegung in der Weimarer Republik. Traven, der sich im Brief einen Arbeitssuchenden, also Arbeitslosen nennt, hat das »Totenschiff« an die Arbeiterleser der Büchergilde adressiert. Diese Post ist angenommen worden. Es gibt viele Belege dafür, daß das »Totenschiff« auch von Seeleuten in aller Welt geliebt und gelesen wurde. Selten stimmten Intention und Rezeption derart überein. Aber vielleicht ist das »Totenschiff« gar kein Abenteuerbuch? Das wird sich herausstellen.

Gale, ein Deckarbeiter an Bord der Tuscaloosa, sucht, nachdem ihm sein Schiff in Antwerpen davonfuhr, nicht Abenteuer, sondern Arbeit; und wenn schon nicht auf seinem Schiff, dann auf irgendeinem anderen. Zunächst jedoch braucht er einen Paß. Den bekommt er nicht, und daran schließlich geht er (fast) zugrunde. Gale also, der Erzähler im »Totenschiff«, platzt gleich auf der ersten Seite mit einer vehementen Attacke auf die Abenteuerliteratur heraus. Da schon wird durch »Yes, Sir« - »No, Sir«-Anreden, durch kurze rhetorische Fragen und apodiktisch erteilte Antworten, durch dreiste Behauptungen und innere Monologe, die aggressiv nach außen gerichtet sind, klar, daß hier jemand aufräumen will: mit einer langen Tradition von Abenteuerliteratur, die zum Beispiel eines ihrer bevorzugten Requisiten, das Schiff, als ein romantisch verklärtes Vehikel entlarvt: »Die Romantik der Seegeschichten ist längst vorbei. Ich bin auch der Meinung, daß solche Romantik nie bestanden hat. Diese Romantik bestand lediglich in der Phantasie der Schreiber jener Seegeschichten. Jene verlogenen Seegeschichten haben manchen braven Jungen hinweggelockt zu einem Leben und zu einer Umgebung, wo er körperlich und seelisch zugrunde gehen mußte, weil er nichts sonst dafür mitbrachte als seinen Kinderglauben an die Ehrlichkeit und an die Wahrheitsliebe der Geschichtenschreiber.«

Und dann folgt das im »Totenschiff« ausgeführte Programm: »Möglich, daß für Kapitäne und Steuerleute eine Romantik einmal bestanden hat. Für die Mannschaft nie. Die Romantik der Mannschaft ist immer nur gewesen: unmenschlich harte Arbeit und eine tierische Behandlung.«[10]

Der ›Held‹ im »Totenschiff« und sein noch etwas unglücklicheres Double Stanislaw haben ein enormes Reisepensum zu absolvieren. Auf Totenschiffen, also betrügerisch versicherten Schrottkähnen, die untergehen sollen, haben sie die ›Romantik der Seefahrt‹ ad absurdum zu führen, die Wahrheit über das elende Leben der Schiffsarbeiter, besonders der Kohlentrimmer, mitzuteilen, und dann soll diese Zertrümmerung der Abenteuerliteratur auch noch gelesen werden und zwar von denen, die Abenteuerliteratur zu lesen pflegen. Dies alles gelingt im »Totenschiff«.

Traven kennt die Traditionen der Abenteuerliteratur und schreibt gegen sie an. Sein Gale ist ein Picaro des 20. Jahrhunderts, der wie seine spanischen Vorbilder herumgewirbelt wird. Er sucht keine Abenteuer, findet sie aber notgedrungen. Anders als seinen Vorgängern, die von den Verhältnissen unter der spanischen Feudalmonarchie umgetrieben werden und gegen die Resultate des Systems, mehr Opfer denn Täter, verschmitzt rebellieren, ist Gale der Nucleus seiner Qualen bewußt. Er ist der Geringste, repräsentiert den untersten, den 5. Stand, quält sich vor den Kesseln des Totenschiffs; mit Worten aber, Flüchen und Einsichten ist er groß. Er schimpft nicht nur unablässig auf die Kapitalisten, sondern klagt auch nachdrücklich die fehlende Solidarität der Arbeiter ein. Er ist ein sprechendes Opfer, die redende Arbeitskraft. Und wie er spricht! Im Scheitern wächst sein reflexiver Humor. Der Schauplatz des Abenteuers wird von Traven in radikaler Weise gewechselt. All die Fluchträume und Wunschträume vernichtet er unbarmherzig; die Ungleichzeitigkeit, den Schlupfwinkel vergangener Produktionsweisen, versperrt er in der Konfrontation mit den Arbeitsbedingungen und mit den höllischen Maschinen im Bauch des Schiffes. Der Kohlenzieher Gale verbrennt sich die Haut, er stirbt fast vor den Maschinen, und er arbeitet – absurd – für seinen eigenen Untergang.

Traven kehrt die Muster der Abenteuerliteratur um. Der Held ist in der Hölle, Moloche des Kapitalismus quälen ihn, Dantes Inferno wird in Zitaten paraphrasiert. Aber keine dreinschlagende Arbeiterfaust, die siegreich klären würde, erwächst dem negativen Helden. Die Reise geht durch die schmerzenden Widersprüche der kapitalistischen Arbeitsverhältnisse.

Dauernd wechseln Allmachts- und Alpträume. »Mit der Yorikke half ich keine Versicherung fahren. Auf ihr wurde ich kein Gladiator. Ich spucke dir ins Gesicht, Caesar Augustus Imperator. Spare deine Seife und friß sie, ich brauche sie nicht mehr. Aber du sollst mich nicht mehr winseln hören. Ich spucke dir ins Gesicht, dir und deinem Gezücht.«[11] So flucht Gale, aber er kann sich auch klein machen, verschwinden: »Wo gearbeitet wird, da soll man nicht nahe hingehen. Denn steht man erst einmal in der Nähe, dann kann leicht etwas für einen dabei abfallen.«[12]

Karl Mays, Robert Krafts oder Friedrich Gerstäckers Helden sind allmächtig, sie meiden die häßlichen Arbeitsverhältnisse zu Hause und bewältigen ihr Pensum in Kurdistan oder Dakota. Travens Anti-Abenteurer

Gale fährt auch in die Welt. Gilt für Amerikas Wildnis der Trivialmythos der Grenzenlosigkeit, so sind es im »Totenschiff« die europäischen Ländergrenzen, die den paßlosen Gale auf burlesk-traurige Weise von einer Staatsmacht zur anderen führen. Auf See erfährt der Leser nie, wo sich das Totenschiff gerade befindet. Das ist für den Kohlentrimmer Gale auch ganz und gar bedeutungslos. Wenn also Traven die Fluchtwege der Abenteuerliteratur versperrt und den Helden zum Opfer eines Systems macht, das Schiffe versenkt, um Prämien zu kassieren, was bleibt dann Abenteuerliches?

Die Mythen des Abenteuers sind dauernd präsent. Die mit ihnen verbundenen Fluchten aber, die illusionären Häutungen des Helden werden destruiert. Dies geschieht nicht abstrakt auf der Ebene inhaltlicher Entlarvungen. Traven nimmt die Traum-Energien der Abenteuerliteratur ernst. Er kritisiert die Träume nicht dadurch, daß er sie bloß ihrer Wirkungslosigkeit überführt und sie namens der ›richtigen Linie‹ des antikapitalistischen Kampfes verdammt[13]; er kritisiert sie in einer ›rebellischen Schreibweise‹[14], die sich in der Lektüre verankert.

Was die Leser an Illusionen verlieren, gewinnen sie an intellektueller Sinnestätigkeit beim Lesen. Spannung gibt es hier nicht in kalkulierten Bögen an der Seite eines Helden, sondern in einer sprunghaften Lese-Elektrizität. Die schmerzende Nähe zum minutiös und fachmännisch beschriebenen Leiden der Kohlentrimmer wird immer wieder in distanzierenden Reflexionen, Verknäuelungen des epischen Fadens, direkter Anrede des Lesers gebrochen, dessen Schwächen und Beschädigungen, dessen hierarchische Selbsterniedrigung und Teilnahmelust an der Macht mit verantwortlich gemacht werden für das Schicksal der Elenden auf dem Totenschiff. Das stiftet Aufruhr. Aggression wird nicht linear auf das kapitalistische System gelenkt, sondern auf vielfältige Weise mit Aufmerksamkeit und Frageenergie legiert. So fallen die Abenteuer und Träume auf den Leser zurück. Nicht ferne Helden arbeiten für ihn in Wunschländern. Seine ›Abenteuer-Sozialisation‹ (die in den meisten Fällen auf die Lektürebiographie beschränkt sein dürfte) wird in einer kritisch-rebellischen Anamnese in Frage gestellt und zurechtgerückt. Travens Kunst besteht darin, den Abenteuerentzug auszugleichen durch die Mobilisierung von erstarrter Erfahrung in der Lektüre. Die in der materiellen Produktion abgespalteten sinnlichen und intellektuellen Vermögen der Menschen werden in Travens Schreiben wieder mit der Arbeit verschränkt. Durch die negative, unter Zwang, Qualen und Irrtümern zustande kommende Einheit von Phantasie und Arbeitskraft scheint in der Lektüre ein Terrain auf, das für manches Abenteuer gut sein könnte.

Im »Totenschiff«, der »Geschichte eines amerikanischen Seemanns«, scheint alles auf den Tod hinzuführen. Als Gale an Bord der Yorike kam, schien es ihm, daß er »jetzt durch jenes große Tor geschritten war, über dem die schicksalschweren Worte stehen: Wer hier eingeht, dess' Nam' und Sein ist ausgelöscht. Er ist verweht!«[15] Und immer wieder werden die Destruktionskräfte des Staates, des Kapitalismus und der integrierten Arbeiter beschworen. Zum Schluß versinkt der halluzinierende Stanislaw, und es ist nicht einmal klar, ob der Erzähler nicht auch untergeht.[16]

Auch in der gängigen Abenteuerliteratur wird viel gestorben, die Tode dienen aber gewöhnlich der Kräftigung des Helden. Im »Totenschiff« herrscht der Tod wirklich. Die Arbeits- und Lebenskräfte des Helden sind bis zur Neige erschöpft, Niederlagen sind nicht Umwege zu Siegen. Ganz selten aber deckt sich Travens rebellische Schreibweise, die beim Leser Wut und Resignation mischt, mit einem Bruch im Objekt- und Opferstatus der Protagonisten. Da kommt es zu gezielten, wenn auch letztlich ›erfolglosen‹ Racheausbrüchen der vor den Kesseln Gequälten, und ein letzter, untilgbarer aufrührerischer Rest an Würde und Solidarität läßt die Verlorenen einander brüderlich helfen.

Dann springt der latent geschürte Funke vom Text auf die Figuren über, es kommt aber nicht zur Explosion. Abenteuer gibt es im »Totenschiff« nur als Schatten. Die Schauplätze und etliche typische Situationen der Abenteuerliteratur werden im »Totenschiff« aufgegriffen, damit sie verkehrt werden können. Die Länder sind durch Grenzen vernagelt, die See verschlingt das Schiff, von dem sich niemand auf wunderbare Weise retten kann, die Helden werden nicht in verstärkter Form wiedergeboren. Und dennoch schafft Traven eine Art Wildnis. Seine ›unsaubere‹ Sprache, die von grammatikalischen Verstößen, Neologismen, Brüchen und Widersprüchen strotzt, installiert neben oder über der Handlung einen ›abenteuerlichen Text‹, in dem die Destruktion der Abenteuer durch die Mobilisierung von Erfahrung begleitet wird.

III   »Der Schatz der Sierra Madre«: Arbeit, Gold, Schlaraffenland

»Bernhard Travens ›Der Schatz der Sierra Madre‹, der erstmals 1927 erschien, gehört zu den wenigen großen Abenteuerromanen unserer Zeit. Er spielt kurz nach der Jahrhundertwende in Mexiko, wo sich in einer Stadt die beiden völlig mittellosen Amerikaner Dobbs und Curtin zufällig treffen.«[17] Dies teilt ein Abenteuer-Lexikon mit, das sehr schöne Abbildungen enthält. Abgesehen vom ›Bernhard‹, der hier stillschweigend übergangen werden soll, ist die Mitteilung verkehrt, dieser Roman ›spiele‹ in Mexiko; denn wie im »Totenschiff« die Seefahrt als Abenteuer-Kulisse zerstört wird, so wird im »Schatz der Sierra Madre« die abenteuerliche Form der Goldsuche destruiert: der Roman ›spielt‹ nicht, in ihm wird im wesentlichen wiederum gearbeitet.

Dobbs sucht Arbeit. Zusammen mit Curtin wird er schließlich auf einem Ölbohrfeld angeworben, wo sie dem Unternehmer ihren Hungerlohn abzwingen müssen. Der alte Howard, ein erfahrener Goldgräber, trifft die beiden in einer Kaschemme und erzählt Geschichten über das Gold. Schon hier kehrt Traven die Dramaturgie der abenteuerlichen Schatzsuche um. Während bei Friedrich Gerstäcker (»Gold«, 1857/58) oder Jack London (»Lockruf des Goldes«, 1907) bei allem geschilderten Realismus der

Sucharbeiten der Glanz des Goldes, die rauh-männliche Atmosphäre unter den ›Prospektoren‹ alle Enttäuschungen überblendet, ist im »Schatz der Sierra Madre« von Anfang an klar, daß alle ans Gold gehefteten Hoffnungen vergeblich sind.

Howard erteilt vor dem Aufbruch der Männer in die Berge die von Erfahrung herrührende, entscheidende Lektion: »Gold ist eine verteufelte Sache. (...) Es ändert den Charakter. (...) Geht man allein, ist es am besten. Man muß aber die Einsamkeit vertragen können. Geht man zu zweien oder zu dreien, lauert immer Mord herum.«[18] Weitere Gold-Mord-Geschichten, die Howard zum besten gibt, bereiten den zu erwartenden Ausgang der Schatzsuche vor. Auch fällt schon ein Schatten auf Dobbs, dem Howards Geschichten vom Fluch des Goldes ins Gemüt gefahren sind; er ist von der Habgier schon gezeichnet, noch ehe ein Körnchen Goldes gefunden wurde. Von da an erfüllt sich Howards Prophezeiung mit wachsendem Tempo.

»Und nun begann die eigentliche Arbeit.«[19] Hatten in den Köpfen der Goldgräber noch Fragmente abenteuerlicher Phantasien existiert, so treibt die Arbeit alles aus. »So habe ich in meinem ganzen Leben nicht geschuftet, meinte Curtin eines Morgens, als ihn Howard noch vor Sonnenaufgang hochrüttelte.«[20] »Das Graben, Sieben, Schwenken, Ausklauben, Wasserschleppen, Abstützen«[21], dazu das mühsame Besorgen der Lebensmittel, zermürbt die drei, später vier Männer, die in zehn Monaten eine ansehnliche Goldmenge zusammenbekommen. Endlich sind sie reduziert auf die mechanische Abfolge der notwendigen Verrichtungen. Keinerlei Aufmerksamkeit widmen sie einander, einzig ihre Beute hält sie zusammen. Je mehr Gold gefunden wird, desto deutlicher regieren Haß und Mißtrauen unter den Männern. Es verschlägt ihnen die Sprache: »Keiner hatte in seinem ganzen Sprachschatz ein Wort übriggelassen, das der andere nicht kannte.«[22] Nur durch äußere Gefahr – ein Überfall von Banditen, die es auf ihr Gold abgesehen haben – entsteht eine bloß funktionale und vorübergehende Solidarität. Auf einer in den totalen Argwohn geneigten Bahn bewegen sich die Goldgräber dem Verlust ihres Schatzes entgegen. Traven schildert den Destruktionsprozeß mit größter Spannung, die ihren Höhepunkt in dem projektiven Duell zwischen Dobbs und Curtin erreicht. Jeder verdächtigt den anderen, ihm nach dem Leben zu trachten, und erwägt, dem anderen zuvorzukommen. In diesem negativen Abenteuer ist Spannung nicht in der Identifikation mit dem Helden zu haben. Die mit exakter Kälte beschriebene Konsequenz einer mörderischen Bereicherung, die Unmöglichkeit, das gefundene Gold in ihr Leben einzubauen, läßt die Spannung in gegenseitigen Vernichtungsphantasien der ›Helden‹ zerplatzen.

Arbeit und Abenteuer werden im »Schatz der Sierra Madre« vom Gold vernichtet. Traven übersetzt die Kumulation des abstrakten Werts im Schatz in eine minutiöse Schilderung der Arbeits-Beziehungen im Quartett der Gold-Sucher. Je größer der angehäufte Schatz wird, desto bedrohlicher wächst die in ihm gespeicherte soziale Destruktionsenergie an. Die Männer verlieren sich ins Gold, ihre Arbeit wird immer leerer, die Sprache reduziert sich auf ein Konglomerat kommunikativer Kürzel: Der Spaten wird zum ›Kat‹, die Dynamitpatrone heißt ›Mary‹, ›Schitt‹ bedeutet ›Howard, schütte das Wasser auf, wir sind soweit‹.

Torsvan in Chiapas. Fotografie im Nachlaß.

Zum Schluß steckt als Lohn der Arbeit und der kommunikativen Armut im Gold nicht die Verheißung künftiger Abenteuer und Verschwendung. Alle Sinne sind auf die Sicherung der Beute gerichtet. Das Gold absorbiert alle Vermögen seiner Gräber und strahlt die in ihm steckende Arbeit als Tod und Verderben bringende Aura zurück. Dobbs tötet Curtin und wird schließlich selbst von Banditen umgebracht.

Aber nun bedient sich Traven eines Schemas der Abenteuerliteratur: denn Curtins Tod dient seiner Initiation als schließlich doch noch geläuterter Held. Er war nicht wirklich tot und wird gemeinsam mit Howard in die schöne Welt der Indianer aufgenommen. Dort hat das Gold nicht den abstrakt-verderblichen Wert der westlich-kapitalistischen Zivilisation. Dort dürfen sich die vom schlechten Gold Geheilten in schlaraffischem Leben unter den Indianern ausruhen. Das böse Gold aber, von Banditen für Sand gehalten, wird in den Wind gestreut.

In Howards berstendem Lachen über dieses Schicksal des Goldes, über den Verlust des Resultats monatelanger Schwerarbeit stirbt das tödliche Abenteuer der Schatzsuche, wird der Bann gelöst. Im Leben der beiden geläuterten Goldsucher als Wunderheiler unter den Indianern, in der freundlich faulen Existenz als Helfer mit magischen Fähigkeiten, endet der Roman als ›Märchen der Arbeitskraft‹.

1 Theodor W. Adorno, Max Horkheimer: »Dialektik der Aufklärung«, Amsterdam 1947, S. 62. – 2 Ebd., S. 64. – 3 Dies wird ausgeführt bei Volker Klotz: »Abenteuer-Romane. Sue, Dumas, Ferry, Retcliffe, May, Verne«, München 1979. – 4 Bernhard Steinbrink untersucht die Abenteuerliteratur des 19. Jahrhunderts im Hinblick auf die Initiation des Helden, in: »Abenteuerliteratur des 19. Jahrhunderts in Deutschland. Studien zu einer vernachlässigten Gattung«, Tübingen 1983. – 5 Ich folge hier Michael Nerlich: »Kritik der Abenteuerideologie. Beitrag zur Erforschung der bürgerlichen Bewußtseinsbildung«, Teil 2, Berlin (DDR) 1977. – 6 Daniel Defoe: »Romane«, Bd. 1, München 1974, S. 36. – 7 Bernhard Steinbrink, a.a.O., S. 4. – 8 Ebd., S. 5. – 9 Materialien zum »Totenschiff«, in: J. Beck, K. Bergmann, H. Boehncke (Hg.): »Das B. Traven-Buch«, Reinbek 1976, S. 146. Vgl. zu den Arbeitsbedingungen als Kohlentrimmer: Karl Helbig: »Seefahrt vor den Feuern. Erinnerungen eines Schiffsheizers«, Hamburg 1987. – 10 B. Traven: »Das Totenschiff. Die Geschichte eines amerikanischen Seemanns«, Hamburg 1954, S. 7. – 11 Ebd., S. 113. – 12 Ebd., S. 99. – 13 Dies wurde Traven in einer Rezension in der »Linkskurve« vorgeworfen: »Seine Erleb-nisse sind die eines Proletariers, d.h. eines Unterdrückten, eines Ausgebeuteten, eines Schutzlosen. Aber kein Aufbegehren, kein Vertrauen in die Klasse, in die Kraft des Proletariats, in die Zukunft des Proletariats liegt in ihnen.« In: »Die Linkskurve«, 5. Jg., Nr. 9, September 1931, S. 23. – 14 Vgl. dazu: H. Boehncke, A. Kluge: »Die Rebellion des Stoffs gegen die Form und der Form gegen den Stoff. Der Protest als Erzähler«, in: J. Beck u.a. (Hg.): »Das B. Traven-Buch«, a.a.O., S. 338–347. – 15 B. Traven: »Das Totenschiff«, a.a.O., S. 86. Vgl. zu den tödlichen Arbeitsbedingungen von Kohlenziehern auf Dampfschiffen: Uwe Klupel: »Selbsttötung auf bremischen Dampfschiffen. Die Arbeits- und Lebensbedingungen der Feuerleute 1880–1914«, in: »Beiträge zur Sozialgeschichte Bremens«, Heft 6, Bremen 1983, S. 15–97. – 16 Traven beantwortete Fragen der Leser der Büchergilde nach dem Schicksal des Erzählers im »Totenschiff« in einem Artikel für die Zeitschrift der Gilde. Vgl.: J. Beck u.a. (Hg.): »Das B. Traven-Buch«, S. 148–151. – 17 Heinrich Pleticha: »Abenteuer Lexikon«, München 1978, S. 152. – 18 B. Traven: »Der Schatz der Sierra Madre«, Berlin 1957, S. 65 f. – 19 Ebd., S. 85. – 20 Ebd., S. 86. – 21 Ebd., S. 101. – 22 Ebd., S. 109.

Reiner Matzker

»Das Totenschiff« – Medium der Metaphysik und transzendentalen Reduktion?
Anmerkungen zur Traven-Biographie

Welche heimliche Neigung mag die unzähligen Forscher bewegen, die sich in einer schier aufopfernden Weise um das Traven-Geheimnis bemüht haben? Was steckt dahinter? Ist es tatsächlich der an Aufklärung und Entmythisierung orientierte wissenschaftliche Versuch, Licht in das Dunkel einer Biographie zu bringen, ein literaturwissenschaftliches Rätsel zu lösen? Oder ist es mehr? Gilt vielleicht gar am Ende all dieser Eifer weniger der Person des Anonymität und damit Selbstinszenierung betreibenden Schriftstellers als mehr den äußerlichen Fixierungen des durch diesen Narzißmus gesteuerten und heroisierten Subjekts, seiner Irrfahrt, seiner Odyssee beziehungsweise seiner mit diesem Umherirren, Suchen und der Versuchung verbundenen Initiation? Geht es dem Forscher um die Immanenz dieser Person, oder geht es ihm um die durch ihre Anonymitätsbemühungen hochgehaltene Transzendenz, die Identifikation mit dem Abenteuer- und Seelenleben seines zum Sujet erklärten Subjekts?

Es sind dies Fragen, die auf das eigentliche Interesse der Traven-Forschung zielen und mit ihren weiteren Implikationen bereits ihr Interesse näher charakterisieren: das Problem der Eigentlichkeit, dem sich die Anonymität und Begrifflichkeiten wie Philosophischer Egoismus, Individualanarchismus und Solipsismus leicht zuordnen lassen. Über diese Zuordnungen soll in diesem Text gesprochen werden.

Der Traven-Forscher Rolf Recknagel beginnt seine »Beiträge zur Biographie des B. Traven« mit einer Reisebeschreibung, die ihn selbst, quasi im psychodramatischen Nachvollzug, Gefühle, Gedanken, Vorstellungen Travens erleben läßt, den Reiz des Vagabundierens, das Spiel mit der Gefahr, mit Leben und Tod: eine kritische Flugzeuglandung in Mexiko, ein Vergleich mit Ikarus, der leichtsinnig über dem »Erden-Labyrinth« schwebt, die Möglichkeit des Sprunges und Sturzes aus den Wolken.

In einem »Mustang« fährt Recknagel zum Haus Calle Mississippi No. 61, »zur Karwoche 1976 ganz allein. Mutterseelenallein«, wie er schreibt. Die erste Nacht dort verbringt er unruhig. »Mein Schlaf war alles andere, nur nicht sanft und ruhig. Aus einem schweren und wüsten Traum wurde ich in einen anderen gejagt«, zitiert er aus Travens »Nachtbesuch im Busch«.[1] Die Nacht, die Recknagel in dieser bedeutungsschweren christlichen Woche als »erster Gast im Hause B. Travens« verbringt, einer Woche, in der Christus als Bräutigam wieder zu den Seinen kommt, wird für Recknagel die Nacht, in der sich die Geister austauschen, in der die Grenzen von Ober-

17

und Unterwelt verschwinden, in der der Biograph und sein Gegenstand ihre scheinhaftige Identität wechseln.

Es ist bereits gegen Mitternacht, als das Unheimliche geschieht. Natürlich nur zu dieser Zeit, zur Mitte der Nacht, von der E.M. Cioran in einem Gespräch mit F.J. Raddatz zu erzählen weiß:»Alles, was ich geschrieben habe, entstand in der Mitte der Nacht. Was ist die Originalität der Nacht? Alles hat aufgehört zu existieren. Sie sind nur Sie allein und die Stille und das Nichts. Man denkt absolut an nichts, man ist allein, wie Gott allein sein kann. Und – obwohl ich nicht gläubig bin, ich glaube vielleicht an nichts – diese absolute Einsamkeit verlangt nach einem Gesprächspartner; und wenn ich von Gott spreche, dann nur insofern, als er ein Gesprächspartner für die Mitte der Nacht ist.«[2]

Recknagel berichtet:»(...) meine Koje schien zu schweben, zu schwanken. Die Kolben der Maschine stampften schwer; die Wogen klatschten an die Schiffswand. (...) Lichter und Schatten waren zum Balkon heraufgeklettert und geisterten beunruhigend hin und her. Die Schatten der Toten des entgleitenden Schiffes.«[3] Der Partner, dem Recknagel in seinem Traum begegnet, ist der »Skipper«, der scheinbar einzig Überlebende, der »Hyotamore von Kyrena«, der »Doppelgänger«, so Recknagel. In einem finstern Traum, in der Mitte der Nacht, in der nur Einsamkeit, die Stille und das Nichts herrschen, wird der Biograph zum Eingeweihten eines besseren Wissens, erwirbt er sich die Fähigkeit eines nicht allein wissenschaftlichen, sondern auch und gerade intentional-intuitiven Vollzugs der Erlebnissphäre der biographisch relevanten Person. In einem somnambulen, aber publizistisch wirksamen Prozeß sind für einen Moment Biographie und Autobiographie dasselbe.

Die Sphäre, in der dieser Prozeß abläuft, findet sich bei Cioran hinlänglich beschrieben. Es ist, um es mit einem Begriff aus der Phänomenologie zu sagen, die Sphäre der transzendentalen Reduktion, die Sphäre, von der aus der Phänomenologe die Evidenz des Gegebenen zu beweisen sucht.»Es gibt keine Zukunft, kein Morgen. Man denkt nicht daran, Eindruck auf die Leute zu machen, Einfluß zu haben, es gibt keinen Einfluß in der Mitte der Nacht. Es gibt keine Geschichte, alles hat aufgehört. Und die Formulierung kommt ganz überzeitlich, übergeschichtlich, jenseits der Geschichte«, behauptet Cioran[4], den schöpferischen Geist dieser Sphäre aufs eindringlichste beschwörend.

Der wichtigste Tag in der Woche, in der Recknagel dieses Erlebnis verzeichnet, heißt Parasceve, der Rüsttag. Es ist der Tag der Kreuzigung Christi. Ist es Zufall, daß die Karwoche in Recknagels Bericht derart hervorgehoben wird? Ist es Zufall, daß er sich in seinem Traum sogleich auf das Totenschiff versetzt fühlt? Bekanntlich ist das Schiff, das Symbol der Reise, des Übergangs, eines der wichtigsten christlichen Sinnbilder. Dabei ist besonders an die rettende Arche Noah oder an das Erlebnis des Jona im Alten Testament zu denken: Jona trat in mein Schiff, das nach Tarsis fahren wollte, um dem HERRN aus den Augen zu kommen. Bereits diese Bibelstelle scheint die verborgene Intention der Symbolik des Totenschiffs zu verdeutlichen. »Wer hier eingeht, dess' Nam' und Sein ist ausgelöscht. Er ist verweht«, lautet es in der Inschrift über dem Mannschaftquartier des Totenschiffs. Der Seemann Gale, der Held des Traven-Romans, findet in diesem Spruch sein Schicksal angezeigt. Am Ende des Romans wird er sich auf dem offenen Meer wiederfinden. »Wasser umgaben mich und gingen mir ans Leben, die Tiefe umringte mich«, heißt es beim Propheten Jona.[5] Das Schicksal des Schiffbrüchigen erschließt den Betroffenen die tiefste Dimension der Existenz, die Nichtigkeit und die in dieser Nichtigkeit traumatisch aufgehobene Tatsächlichkeit des Daseins. Abgeglitten vom ›himmlischen Ziel‹, in das pure Dasein selbst hineingetaucht, das nach Augustinus durch das Meer verkörpert wird, erreicht die Initiationsfigur ihren Tief- und Taufpunkt, erfährt sie das Wissen um die Zusammenhänge von Leben und Tod. So die Mythologie. In den »Homerischen Hymnen« ist es der von Räubern entführte Dionysos, der diesen Zustand herbeizuführen vermag. In Delphine verwandeln sich die ins Meer geworfenen Räuber, ähnlich wie Jonas, der, vom Walfisch verschlungen und wieder ausgespien, am eigenen Leibe die auf diese Weise symbolisch erfahrbare retrograde Geburt und Läuterung durchlebt.

Es ist hier nicht der Ort, diese mythologischen Zusammenhänge im Detail zu verfolgen. B. Traven hat – zumindest in seinem »Totenschiff« – die Idee der per Initiation erreichbaren Reife und Läuterung nicht im esoterischen Sinne weiter ausgeführt. War es unter anderem auch diese fehlende Tendenz, die das Buch mit den Kulturinteressen der NS-Zeit unvereinbar machte? Im Nazi-Deutschland wurde »Das Totenschiff« als ein Werk gemeingefährlicher Propaganda verboten.

In den »Totengesängen des Hyotamore von Kyrena«[6] verbindet B. Traven alias Ret Marut seine Eschatologie bitter mit seiner sozialrevolutionären Gesinnung: »Der Gedanke, daß ich all das Gesindel, das mir hier auf Erden überflüssigerweise in den Weg gelaufen ist, irgendwo wiedersehen könnte, würde mich veranlassen, niemals zu sterben.«[7] Den Tod erklärt er, allerdings durchaus in der Tradition der Mysterienkulte, als Zustand: »Sobald ihr begreifen werdet, daß der Tod kein Abschluß ist, sondern nur ein Zustand, nur eine Zwischenstufe von Vorgängen, die Ihr genau verfolgen könnt, die Ihr in jeder Daseins-Äußerung mit Euren eigenen Augen einsehen könnt, dann wird es keine Sklaven mehr auf Erden geben. Natürlich auch keine Herren. Die Götter sind vorher abgereist.«[8]

Als bemerkenswert erweist sich der ironisch gemeinte und in Anbetracht von Travens Reise- und Abenteuerlust zur selbstgefälligen Ironie sich wendende letzte Satz dieses Zitats. Die abgereisten Götter, sind sie nicht die sich individualanarchistisch gerierenden, an solipsistischem Erleben und philosophischen Egoismen sich schulenden ›Freibeuter‹?!

Ihr Deckmantel heißt Anonymität. Unter diesem verbirgt sich das Geisterreich der Metaphysik. Anonymität ist die Tarnung für die sich auflösende Identität, das Weder-noch der Eigentlichkeit, das nun aber gerade in einer Doppelfunktion Eigenheit zu bewahren sucht. Bei Traven wird dieses Streben durch das Leben auf dem Totenschiff illustriert. Gesichts-, identitätslos, ohne Glauben an Weltgericht und Auferstehung, lebt Gerard Gale auf diesem Schiff – als Geist unter Geistern. Es erscheint verständlich, daß Recknagel für die Begegnung mit diesem Geist die Geisterstunde wählt. Sie soll das Reich der Reduktion erschließen helfen, das intelligible Geisterreich, das den Rückgang in den Grund der Metaphysik, den Opfergang des Abenteurers bestimmt. Max Stirner, der Philosoph des Egoismus, der neben Nietzsche für die an Reduktion und zentraler Innerlichkeit orientierten Expressionisten wichtigste Vordenker, hat es so gefordert – allerdings ohne das Opfer als solches wahrzunehmen: Der Mensch muß erst auf das Lumpigste, Armseligste herunterkommen, um zu Eigenheit zu gelangen. Diese soll nun aber nicht mehr geopfert werden: »Dem Egoisten ist nichts hoch genug, daß er sich davor demütigte, nichts so selbständig, daß er ihm zu Liebe lebte, nichts so heilig, daß er sich ihm opferte.«[9] Dieser Satz, im idealistisch-nihilistischen Sinne Stirners verstanden, verrät die eigentliche Opferbereitschaft des Egoisten: Es ist das Nichts, vor dem er sich demütigt, dem zuliebe er lebt, dem er sich opfert. Gale wird wie Stanislaw in dieses ›Loch‹ eintauchen und nicht mehr auftauchen. Der ›Nebel‹ der Anonymität wird über diesem Ereignis auf dem offenen Meer liegen, das den lebendigen Toten als einziges Reflexionsmedium ihrer Halluzinationen dient: Das Bild der Yorikke erscheint den Ertrinkenden. Und Stanislaw will hinüber. »Und er sprang. Er sprang. Da war kein Hafen. Da war kein Schiff. Da war kein Ufer. Alles See. Alles Wogen.«[10]

Nur etwas unterscheidet Travens Besatzung des Totenschiffes von den sich frei zur Anonymität Bekennenden. Sie sind verdinglichte Anonyme, unfreiwillig in den ›Nebel‹ der Anonymität geraten. Es sind die gesellschaftlich Ausgesperrten, sozial Gestrandeten, die sich in dieser Anonymität finden.

In seiner Parabel »Nebel« beschreibt Marut/Traven eine derartige Begegnung, die fast zu einem homoerotischen Erlebnis führt. Im »dicken, schweren Nebel« begegnen sich die Patrouillen zweier feindlicher Lager. Wie Doppelgänger stehen sie sich gegenüber. »Und beide hoben gleichzeitig langsam die Hände an die Mützen, sahen sich an und machten eine leise, aber bewußt deutliche Verbeugung zueinander. (...) Da sprang von der Ewigkeit das winzigste Teilchen einer Sekunde hinzu, kleidete sie aus und gedankenlos streckten sie sich beide gleichzeitig, dem gleichen größeren Willen gehorchend, die Hände entgegen, drückten sie sich, wie Freunde es tun (...).«[11]

So wie der Biograph in mitternächtlicher Stunde dem Geiste Travens begegnet – auf ähnliche Weise will Jacques Derrida in Prag dem Geist Kafkas begegnet sein –, so begegnen sich in dieser Parabel die Doppelgänger, einander verbunden durch einen »größeren Willen«, einen göttlichen Funken, »das winzigste Teilchen einer Sekunde«. Für das tiefste Erlebnis der biographischen Erfassung überantwortet sich ihr Protagonist dem Geist der Illumination. Im mystischen Prozeß transzendentaler Reduktion vertauschen sich die Identitäten, erstrebt der Biograph das wahre Erleben seines Korrelats, die reine Originalität.[12]

So muß der Leser dem Eifer Recknagels und vieler anderer ›Geisterbiographen‹ mit gemischten Gefühlen begegnen. »Die Biographie eines schöpferischen Menschen ist ganz und gar unwichtig«, schreibt B. Traven in »Mein Roman: Das Totenschiff«[13]. Oskar Maria Graf bemerkt ergänzend: »Es scheint, daß Traven nicht mehr lebt, und als guter Katholik glaube ich felsenfest, daß er in den Himmel gekommen ist, den er redlich verdient hat. Doch ich bringe die Vorstellung nicht aus dem Kopf, als sitze er da droben nach einer Pause ewigen Hallelujarufens manchmal mit einem Fernrohr auf Auslug und nehme den ameisenfleißigen Professor Recknagel aufs Korn, ihn und sein hochgetürmtes, vielbebildertes Manuskript, um in ein zerberstendes Gelächter auszubrechen: ›Armes Luder! Ist der Name wichtiger als meine Bücher? Oje, oje, und wenn ich jetzt doch ein anderer bin, was dann? Oje, oje!‹«[14]

1 Rolf Recknagel: »Beiträge zur Biographie des B. Traven«, Berlin 1977, S. 7. – 2 E.M. Cioran, in: DIE ZEIT, Nr. 15, 4. April 1986. – 3 Recknagel, a.a.O., S. 8 f. – 4 Cioran, a.a.O. – 5 Die Bibel, Stuttgart 1985, S. 878. – 6 B. Traven/Ret Marut in: »Der Ziegelbrenner« Nr. 2/3, 16. März 1918, S. 51. – 7 Ebd. – 8 Ebd., S. 52. – 9 Max Stirner: »Der Einzige und sein Eigentum«, Stuttgart 1972, S. 328. – 10 B. Traven: »Das Totenschiff«, Frankfurt/M. 1983, S. 306. – 11 B. Traven/Ret Marut: »Das Frühwerk«, Berlin 1977, S. 41. – 12 Vgl. Cioran, Anm. 2. – 13 B. Traven: »Mein Roman: Das Totenschiff«, in: Beck/Bergmann/Boehncke (Hg.): »Das B. Traven-Buch«, Reinbek 1976, S. 154 ff. – 14 Oskar Maria Graf: »Gelächter«, in: »Das B. Traven-Buch«, a.a.O., S. 111.

Jürgen Dragowski

B. Traven und die »Büchergilde Gutenberg«

Einige Bemerkungen zu einer Interessengemeinschaft auf Zeit[1]

I   Wie alles anfing

Betrachtet man die wenigen offiziellen Aussagen der Büchergilde über ihr Verhältnis zu ihrem Erfolgsautor, so drängt sich schnell der Eindruck auf, als hätte es in der Geschichte der dreizehnjährigen Beziehung keinerlei Disharmonien gegeben. Immer wieder wird die Einheit des Erfolgspaares, das »untrennbar miteinander verbunden«[2] sei, herausgestellt. Dies gilt übrigens sowohl für die Berliner Gilde als auch für die Exilgilde, die am 16. Mai 1933 in Zürich als »Genossenschaft Büchergilde Gutenberg« gegründet wurde. Anläßlich des zehnjährigen Traven-Jubiläums feierte sie 1936 den Autor als »Freund und Berater, der ihr Ringen um weitere Entwicklung mit allen Kräften unterstützt.«[3]

In der Tat erwies sich B. Traven als Förderer der Büchergilde, die sich gemäß ihrem Selbstverständnis als »Kulturinstitution der Werktätigen«[4] die Aufgabe stellte, »der Arbeiterschaft einwandfreie Werke ihres Geistes in einem nicht alltäglichen Gewande«[5] nahezubringen, und dies zu erschwinglichen Preisen.

Der gewerkschaftlichen Buchgemeinschaft ein literarisches Profil zu verschaffen, war Ziel ihres ersten Lektors, Ernst Preczang, eines renommierten deutschen Arbeiterdichters. Entlang der programmatischen Zielbestimmung, der geistigen Bevormundung der Arbeiterschaft entgegenzutreten, sie »aus der Ideologie der sie unterdrückenden Klasse, aus dem Kitsch und Schund und Gift«[6] herauszulösen, war Preczang bestrebt, Autoren für die Gilde zu gewinnen, deren Werke mit den Literaturvorstellungen der Gewerkschafter[7] übereinstimmten. Ein schwieriges Unterfangen, denn die junge Buchgemeinschaft mußte sich gegen die Anfeindungen der bürgerlichen Verlage auf dem Buchmarkt durchsetzen. Ein Großteil der bekannten Schriftsteller war vertraglich an Verlage gebunden, und der Buchhandel insgesamt drohte den Autoren mit Boykott, falls sie der Büchergilde Unterstützung gewährten.

Doch auf der Suche nach jungen, erfolgversprechenden Autoren wurde Ernst Preczang schnell fündig. Schon ein Jahr nach der Gründung der Buchgemeinschaft des Bildungsverbandes der Deutschen Buchdrucker im Jahre 1924[8] konnte er mit dem Anonymus B. Traven den Gildenmitgliedern ein »episches Talent größten Ausmaßes«[9] präsentieren, dessen Dichtung dem literarischen Konzept der Büchergilde zu entsprechen schien.

Preczang knüpfte den Kontakt mit dem unbekannten Schriftsteller – 1925 sprach noch niemand von einer möglichen Identität Ret Marut = B. Traven –, nachdem er durch dessen im Berliner »Vorwärts« publizierten Fortsetzungsroman »Die Baumwollpflücker«[10] auf ihn aufmerksam geworden war. »Ich lese mit großem Vergnügen im ›Vorwärts‹ Ihren Roman ›Die Baumwollpflücker‹. Das einzigartige ›Milieu‹, die frische und natürliche Darstellung und nicht zum wenigsten Ihr Humor ließen in mir den Wunsch entstehen, unsere Mitglieder, die sich über ganz Deutschland und die angrenzenden deutschsprachigen Gebietsteile verbreiten, mit Ihnen bekannt zu machen.«[11] Preczang bot Traven 15 % des Erlöses eines mit 1,50 Mark berechneten Gildenbuches an, allerdings bei einer von vornherein garantierten Auflage, »die gegenwärtig mindestens 15.000 beträgt.«[12]

B. Traven nahm das Angebot zur Mitarbeit ohne Zögern an, denn Preczangs Schreiben traf ihn in einer äußerst schwierigen Lage. Der auf Umwegen von Deutschland nach Mexiko emigrierte politische Publizist Ret Marut hatte durch die Emigration sein Lesepublikum verloren. Zwar unternahm der nun unter dem Pseudonym B. Traven schreibende ehemalige Revolutionär mehrere Versuche, auf dem deutschen bzw. dem amerikanischen Buchmarkt Fuß zu fassen, doch außer einigen kleinen Arbeiten in deutschen Arbeiterblättern und Wochenzeitschriften konnte er nichts plazieren. Unter diesen frühen Traven-Arbeiten befand sich auch »Die Geburt eines Gottes«, die erste deutsche Traven-Veröffentlichung überhaupt, die noch vor dem Abdruck der »Baumwollpflücker« im sozialdemokratischen »Vorwärts« am 28. Februar 1925 erschienen war.

Mittels der Schriftstellerei konnte der Autor seinen Lebensunterhalt offensichtlich nicht sichern. Vielmehr war er gezwungen, als Gelegenheitsarbeiter auf Baumwollplantagen oder Ölfeldern, als Bäcker oder Viehtreiber das nötige Geld zu verdienen. Auch die Option auf eine schriftstellerische Zukunft schien dem ambitionierten Autor verwehrt. Traven wußte um die Bedeutung, die Preczangs Angebot für seinen persönlichen Werdegang gehabt hatte. Dies geht aus einem späteren Brief an Ernst Preczang hervor, in dem der im mexikanischen Dschungel weilende Autor betonte, daß er aller Wahrscheinlichkeit nach »wieder in irgendein(em) ferne(n) Ölcamp in einem Winkel Zentralamerikas oder in dem Kesselraum eines vagabundierenden Tramp-Dampfers gelandet« wäre, »hätte ich in jener kritischen Zeit Ihre Einladung – und die natürlich damit verknüpfte Aufmunterung, weiterzuschreiben – nicht erhalten.«[13]

Die Aussicht auf ein geregeltes Einkommen und die Tatsache, daß ihm mit der gewerkschaftlichen Buchgemeinschaft der Zugang zu einem breiten Arbeiterpublikum offeriert wurde, müssen Traven letztlich zur Annahme der Einladung bewogen haben. Trotz der in seinen Büchern, vor allem aber in seiner Korrespondenz mit Preczang deutlich werdenden Vorbehalte gegenüber der Sozialdemokratie und den Gewerkschaften erlaubten die allgemeinen Aufklärungs- und Erziehungsziele der Büchergilde seine Mitarbeit. Denn auch B. Traven verschrieb sich dem Ziel, durch Aufklärung einen

Emanzipationsprozeß der Menschen von allen Fremdzwängen bewirken zu wollen. Deshalb reichte es dem revolutionären Literaten nicht aus, Literatur »um ihrer selbst willen, zur spannenden Unterhaltung der Leser zu produzieren«[14], vielmehr war es sein erklärtes Ziel, seine »helle, aufklärerische Botschaft« einer »immer intensiver arbeitenden institutionalisierten Bewußtseinsverdunkelung«[15] entgegenzuhalten.

Hier finden wir nun jene Kongruenz der Zielvorstellungen, den wenig bemittelten Arbeitern preiswerte Bücher in die Hand zu geben, die – abseits von jeglichem politischen Dogmatismus – Denkanstöße vermitteln und beim Leser Bewußtheit über die eigene Situation hervorrufen sollten, welche zur Grundlage einer langjährigen Erfolgsbeziehung wurde. Im Verlauf dieser außergewöhnlichen Verbindung erlangte B. Traven Weltruhm – die Gesamtauflage seiner deutschsprachigen Werke erreichte »fast eine halbe Million Exemplare«[16] –, und die Büchergilde avancierte zur größten proletarischen Buchgemeinschaft der Weimarer Republik.

II   Der Erfolg glättet die Differenzen

»Jawohl, ich bin bereit, Ihnen zu helfen, ein wenig frische Luft, fröhliches Weltgefühl und – den Geburtsschrei eines neuen Geschlechts in die Literatur zu bringen.«[17] Travens Begeisterung für das junge Unternehmen korrespondierte jedoch schon zu Beginn der erfolgreichen Beziehung mit einer gewissen Skepsis gegenüber der gewerkschaftlichen Gebundenheit der Buchgemeinschaft. Zwar übertrug er der Büchergilde das Erstausgaberecht seiner deutschsprachigen Bücher, auch stellte er sich und sein Werk zu Werbezwecken für die Gilde zur Verfügung – sein Engagement ging sogar so weit, der Buchgemeinschaft ganze Photoserien und Teile seiner privaten Sammlung indianischer Kunst- und Haushaltsgegenstände zu überlassen –, doch unstrittig ist auch, daß der Schriftsteller schon in den ersten Tagen dieser Verbindung künftige Konflikte mit der Gildenleitung antizipierte. Preczangs Charakterisierung der Büchergilde als eine Vereinigung, die von Leuten geführt werde, welche im modernen sozialen Geiste arbeiteten, aufgreifend, antwortete Traven dem Lektor mit dem Hinweis, daß dieser in dem Roman »Das Totenschiff« »so mancherlei nationale und philiströse Grenzpfähle kennenlernen (werde), die ins Wackeln kommen. Hoffentlich kommen nicht solche Leute, die auch vorgeben, im modernen sozialen Geiste zu arbeiten, herbei und halten die wackelnden nationalen und philiströsen Grenzpfähle wieder fest, weil sie fürchten, es könnte noch manches mit ins Wackeln kommen.«[18]

Zum ersten Prüfstein der noch jungen Beziehung wurde das Manuskript des Romans »Das Totenschiff«. Ursprünglich in Englisch verfaßt, schrieb Traven es kurzerhand ins Deutsche um und bot es der Gilde mit Schreiben vom 10.9.1925 an. Schon am 19.10.1925 wurde dem Autor per Telegramm die Annahme des Manuskripts mitgeteilt. Doch die Publikation des Romans verzögerte sich. Offiziell hieß es, daß der Versand des fälligen Gildenbuches erst im April erfolgen könne, da der Verfasser in Mexiko wohne und heftige Stürme auf dem Atlantik die Reise der Korrekturen verzögert hätten.[19]

Doch es war keineswegs nur die bedrohliche atlantische Wetterlage, die den ursprünglich für März vorgesehenen Stapellauf des »Totenschiffs« gefährdete. Vielmehr sah sich die Gildenleitung, verschreckt von Travens kritischer Einschätzung der Gewerkschaftspolitik in der Weimarer Republik, dazu veranlaßt, Kürzungen und Streichungen innerhalb des Romanmanuskripts vorzunehmen. Um die Herausgabe seines Romans nicht noch länger zu verzögern oder gar zu gefährden, wies der Autor auf seine grundsätzliche Konzessionsbereitschaft hin. »Ich bin nicht eigensinnig, solange an dem Charakter und an der Absicht des Werkes nichts geändert wird.«[20] Traven war zwar von der inhaltlichen Begründung der vorgeschlagenen Streichungen nicht überzeugt, akzeptierte sie aber, um einer möglichen Polarisierung vorzubeugen. »Also streichen wir, was mir und Ihnen vielleicht gar lange Briefe des Protestes oder der Zustimmung einbringen könnte.«[21]

So kompromißbereit sich der Dichter in diesem Punkt verhielt, so unnachgiebig zeigte er sich in Fragen der künstlerischen Form seiner Arbeiten. Die ihm von der Gildenleitung aufgetragenen Änderungswünsche betrachtete er als massive Angriffe auf seine Kunstauffassung, denen er widerstehen mußte: »Ich kann nicht nach Rezepten schreiben.«[22] Traven distanzierte sich von einer Dichtung, die auf Erbauung und Unterhaltung des Lesers zielte. Er schreibe »keine Märchen für Erwachsene«, sondern Dokumente, »denen er, leichterer Lesbarkeit wegen, die Form von Romanen gibt.«[23] Er betrachtete sich selber als Beobachter, dessen schriftstellerische Funktion es sei, in starker Anlehnung an die Wirklichkeit dem Leser Wissen zu vermitteln und ihm Einblick in real existierende gesellschaftliche Verhältnisse zu gewähren. Diese Bestimmung seiner Funktion korrespondierte mit seiner Intention, den Leser zu selbständigem Denken anzuregen. »Ich wünsche, daß der Leser nach dem Lesen des Romans noch selber weiter denken, selber weiter erleben, selber weiter schreiben kann. Ich will den Leser nicht leerpumpen, ich möchte ihn anregen, sich den weiteren Fortgang zu denken. Nur was er selber denkt, ist sein Besitz, nicht was ich schreibe.«[24]

Stein des Anstoßes war der Schluß des »Totenschiffs«, in dem Traven das Schicksal des Romanerzählers Gale offenließ, weil »jeder weitere Satz, der noch gesagt würde, (...) kein Schluß, sondern der Anfang eines neuen Romans«[25] wäre. Der Schriftleitung als ideellem Gesamtleser schien dieser Romanschluß unvollständig; sie wünschte einen im herkömmlichen Sinne abgeschlossenen Roman, der keinerlei Fragen mehr offen ließ. Doch diesem Ansinnen widersetzte sich der revolutionäre Literat. Auf ihr ursprünglich gemeinsames Ziel der Hebung des Bildungsniveaus rekurrierend, betonte Traven, daß der gewöhnliche Durchschnittsleser nicht zu der Zielgruppe gehöre, für die er schreiben wolle. »Warum hat man Sie, Herr Preczang, zum Schriftleiter der Büchergilde gewählt? Aus dem einfachen Grunde, weil die Büchergilde im Sinne Ihres Urteils, im Sinne Ihrer literarischen Erfahrung, im Sinne Ihrer Kunstauffassung geleitet sein möchte. (...) Sie finden den Schluß ›symbolisch sehr fein‹. Haben Sie nun die Absicht, dem Durchschnittsleser, ›den die Frage peinigt: was wird aus ihm (dem Erzähler)?‹, Konzessionen zu machen? Das glaube ich nicht und dann bin ich nicht mehr dabei, wenn Sie Durchschnittsleser erfreuen wollen.«[26]

Betrachtet man das Ergebnis dieser Auseinandersetzung, so fällt auf, daß beide Seiten mit dem gefundenen Kompromiß zufrieden sein konnten. Der Schluß des Romans blieb unverändert, und die Streichungen und Kürzungen, die sich auf insgesamt 53 Manuskriptzeilen beschränkten, ließen Charakter und Absicht des Romans unangetastet.»Wir beschränken uns also darauf, ihm hier und da eine kleine wilde Locke abzuschneiden. (...) Es sind durchweg polemische Äußerungen, die wir unseren Mitgliedern nicht vorsetzen können, ohne Protest und Diskussionen hervorzurufen. Sie schreiben selbst, daß wir die vermeiden wollen. Ich vertrete außerdem die Ansicht, daß ein Kunstwerk durch seine Darstellung, nicht durch Polemik wirken soll.«[27]

Der Roman erschien im April 1926 und wurde ein absoluter Renner, der der Büchergilde in der Mitgliederwerbung große Dienste leistete.[28]

Dieser erste Konflikt bildete den Beginn einer Reihe massivster Interventionsversuche seitens der Gildenleitung, den Autor dazu zu bewegen, ihren Vorstellungen gemäß Veränderungen in seinen Manuskripten vorzunehmen. Ein weiterer Höhepunkt der Disharmonien stand mit dem Roman »Der Karren« ins Haus. Dieser Roman, der erste Band der Caoba-Reihe, war eines der erfolgreichsten Gildenbücher in der Geschichte der Büchergilde der Weimarer Republik. Als Weihnachtsbuch des Jahres 1930 erschien der Band zum Sonderpreis von 1,75 Mark und erreichte innerhalb weniger Wochen eine Auflage von 55.000 Exemplaren.[29]

Im Vorfeld der Herausgabe dieses Werks ging die Initiative zu Kürzungen und Streichungen innerhalb des Romans von Bruno Dressler aus, dem neuen Geschäftsführer der Büchergilde, dem von einigen Schriftstellern, unter anderem von Martin Andersen-Nexø, eine kapitalistische Geschäftstüchtigkeit nachgesagt wurde.[30] In einem Schreiben an Preczang berichtete Traven dem zu seinem Brieffreund gewordenen Arbeiterdichter, daß Bruno Dressler ihn ersucht hätte, seinen Roman »ein wenig zu beschönigen und zu besänftigen«, und zwar aus Furcht vor der Tatsache, »daß einige Hämmelchen der Büchergilde Gutenberg verloren gehen könnten. Denn es sind ja nur Hämmelchen, die abspringen, wenn man ihren verhätschelten Aberglauben in das faulende Sitzfleisch piekt. Wenn die Mitglieder der Büchergilde Gutenberg so sind, wie ich möchte, daß sie alle wären, dann springt keiner ab. Ich konnte Herrn B.D. den Gefallen aber nicht erweisen, und ich weiß nicht, ob vielleicht nachträglich, in der Korrektur an dem Buche herumgezaubert worden ist.«[31]

Die Interessengemeinschaft Traven – Büchergilde überstand auch diesen Konflikt; doch einige Schatten trübten das nach außen so sonnig dargestellte Verhältnis. Offensichtlich nagten die permanenten Auseinandersetzungen mit der Gildenleitung an der Überzeugung des Autors, daß er mit der

Büchergilde Gutenberg den adäquaten Verlag für seine schriftstellerischen Aktivitäten gefunden hätte, denn der erfolgreiche Schriftsteller trug sich mit dem Gedanken, sein Verhältnis mit der Buchgemeinschaft aufzukündigen und sich einen anderen Verlag zu suchen. Im Bewußtsein des Dichters agierte die Gildenleitung als Zensor, der die einstmals gemeinsame Plattform längst verlassen hatte.

Letztlich hielten Ernst Preczangs Bemühungen, Traven als Gildenautor zu halten, den enttäuschten Schriftsteller vom Ausstieg aus der Buchgemeinschaft ab. Sehr behutsam versuchte er, den Romanautor davon zu überzeugen, daß dessen Abwanderungspläne voreilig seien. Zwar stimmte der jetzt nur noch nebenamtlich im Lektorat der Gilde beschäftigte Arbeiterdichter mit Travens Kritik an den politischen Verhältnissen in einigen Punkten überein – »ich finde keineswegs alles ›schön und herrlich‹, nein, ich finde manches unerträglich für den Sozialisten«[32] –, doch warnte er ihn eindringlich vor falschen Konsequenzen: Kritik an den für diese Verhältnisse mitverantwortlichen Sozialdemokraten und Gewerkschaften dürfe nicht zu einer Zerschlagung der historisch gewachsenen Form der Arbeiterbewegung führen. »Alles Positive wird aus einigem Willen geboren. Dazu gehört auch die Büchergilde, die bisher von Richtungskämpfen verschont blieb. Sie dient keiner Partei; aber sie ist ein Instrument der organisierten Arbeiterschaft. Sie sehen wirklich zu schwarz, wenn Sie in der Leitung eine versteckte ›Inquisition‹ vermuten. Die besteht nicht. Es besteht lediglich die Tatsache, daß keine Institution den Ast absägt, auf dem sie sitzt.«[33]

Preczangs Schreiben verfehlte seine Wirkung nicht: Der Autor blieb der Büchergilde auch weiterhin erhalten. Insgesamt können die sieben Jahre seiner Zugehörigkeit zur Büchergilde als für ihn sehr produktive angesehen werden; denn bis zur faschistischen Gleichschaltung der gewerkschaftlichen Buchgemeinschaft im Mai 1933 erschienen neun Bücher von ihm im Verlag »Büchergilde Gutenberg Berlin«.

III   Der Bruch: Oft angedroht, nun vollzogen.

Die Verbindung Travens mit der Büchergilde, die spätestens seit 1929 durch eine zunehmende Entfremdung zwischen Autor und Verleger gefährdet wurde, fand mit der Zerschlagung der freien gewerkschaftlichen Buchgemeinschaft durch die Nationalsozialisten keineswegs ihr Ende, sondern wurde durch Travens Mitarbeit in der Exilgilde auf Schweizer Boden fortgesetzt.

Wenige Tage nach dem Überfall von SA- und SS-Trupps auf die Gewerkschaften und deren Einrichtungen am 2. Mai 1933 fand in Zürich die konstituierende Sitzung der »Genossenschaft Büchergilde Gutenberg« statt. Sie betrachtete sich als legitime Bewahrerin des alten Gildengeistes und proklamierte demzufolge »die Fortsetzung des Gildenwerkes im bisherigen Sinne«[34]. Gleich nach dem Bekanntwerden der Zwangseingliederung der Berliner Buchgemeinschaft in die Deutsche Arbeitsfront (DAF) hatte sich Traven von der Nazi-Gilde getrennt, ihr alle Herausgeberrechte an seinen Büchern entzogen[35] und sich der neugegründeten Genossenschaft zugewandt. Ausschlaggebend für Travens Entschluß, auch zu diesem Zeitpunkt den Verlag nicht zu wechseln[36], sondern der Büchergilde, trotz seiner Erkenntnis, daß die gewerkschaftliche Buchgemeinschaft von ihrem »ursprünglichen Geiste«[37] abweiche und zunehmend verbürgerliche, erneut seine Loyalität auszusprechen, war die Tatsache, daß der Schriftsteller sich weiterhin der proletarischen Sache verpflichtet fühlte und dies auch für die Büchergilde annahm. Er vertraute ihrem Bekenntnis, zumal sie Ernst Preczang, mit dem er sich freundschaftlich verbunden fühlte, in den schwierigen Anfangsmonaten der Aufbauphase als literarischen Leiter beschäftigte.

Der Erfolgsautor schätzte Preczang, der – ebenso wie Bruno Dressler – in die Schweiz emigrierte[38], sowohl als einen hervorragenden Schriftsteller[39] wie auch als einen Menschen mit »Charakter und Rückgrat«[40], wenngleich er seine Qualitäten am falschen Ort beweise, nämlich in der »Verteidigung der soc.-dem. Bischöfe, dieser Jammerfetzen«[41]. Als Lektor und Schriftleiter bot Preczang durch seine Integrität und sein »sicheres und ungetrübtes proletarisches Gefühl, das nicht wurzelte in einem Partei-Programm, sondern in seinem Instinkt«[42], Traven die Gewähr dafür, daß in der Gilde nur solche Bücher verlegt würden, die dem Arbeiter etwas bedeuteten. »Es ist eine Tatsache, daß ich allein nur darum sofort nach Zürich gegangen bin, weil ich hörte, daß Sie die Leitung übernehmen«[43], schrieb der Autor dem zu diesem Zeitpunkt schon aus dem Lektorat ausgeschiedenen Ernst Preczang.

Der ehemalige Schriftleiter war der erste, der Konsequenzen zog aus dem seit Ende der zwanziger, Anfang der dreißiger Jahre zu konstatierenden Charakterwandel[44] der Büchergilde, welcher sich durch die Verlegung in die Schweiz noch verstärkte. Im Streit um die zukünftige literarische Konzeption stand dem Arbeiterdichter mit Wilhelm Herzog[45] ein Gegenspieler ins Haus, der in seiner Absicht, die Gilde zu politisieren und die Buchherausgaben nach literaturwissenschaftlichen Kriterien zu entscheiden, von der Mehrheit des Vorstandes unterstützt wurde. Preczang sah in Herzogs Entwurf eine nicht erstrebenswerte Akademisierung der Buchgemeinschaft, die zu einer »Verarmung unseres Programmes«[46] führen werde. Zwar war es auch ihm ein selbstverständliches Anliegen, den antifaschistischen Charakter der Gilde zu akzentuieren, »aber es ist nicht ihre Aufgabe, das wiederzukäuen, was schon in den Tageszeitungen usw. hinlänglich behandelt wurde«[47].

Doch Preczangs Position, auch die Exilgilde auf die traditionellen Aufgaben und Ziele der Büchergilde zu verpflichten, konnte sich nicht durchsetzen. Er zog die Konsequenz, indem er seine Lektorentätigkeit aufgab und auch das Kompromißangebot, ihn als zweiten Lektor, als sogenannte proletarische Sicherung, weiterzubeschäftigen, ohne Zögern ablehnte. Preczangs freiwilliger Ausstieg Ende August/Anfang September 1933 markierte zu einem frühen Zeitpunkt den sich vollziehenden und von ihm nicht aufzuhaltenden Wandlungsprozeß der Büchergilde, der mit der Einführung der »Gildenbibliothek der Weltgeschichte« Anfang 1937 nachhaltig bestätigt wurde: Bildung als Mittel zur Erkenntnis der Gesellschaft wurde ersetzt durch die Propagierung der Bildung als Selbstzweck. Nichts kann diesen Umschwung deutlicher demonstrieren als Hermann Hesses programmatisches Geleitwort dieser Reihe:»Echte Bildung ist nicht Bildung zu irgendeinem Zweck, sondern sie hat, wie jedes Streben nach dem Vollkommenen, ihren Zweck in sich selbst.«[48]

Der endgültige Abschied von den Idealen und Hoffnungen der einstigen Kulturinstitution der Arbeiterschaft wurde von der Züricher Genossenschaft 1938/39 vollzogen, als der Präsident der Exilgilde, Dr. Hans Oprecht, anläßlich der Landesausstellung der Schweiz die Buchgemeinschaft wie folgt charakterisierte:»Sie sammelt eine lesewillige von der Gilde zu bewußtem Lesen zu erziehende Gemeinschaft von Menschen um sich, in der Absicht, damit eine Buchgemeinschaft zu bilden, die Einfluß auf die Buchproduktion ausübt, aber auch dem Autor den Absatz, das heißt den Verkauf des Buches sichert.«[49]

In einem derartig entpolitisierten Konzept war für einen radikalen Aufklärer wie B. Traven kaum noch Platz. Dies sollte der Star-Autor trotz seines rückhaltlosen Engagements für die Exilgilde, die nicht nur die Attraktivität und Werbewirksamkeit ihres weltberühmten Schriftstellers zum Zwecke der Mitgliederwerbung nutzte, sondern ihn auch zu großzügigen Schenkungen seltener indianischer Gegenstände aus seiner privaten Sammlung animierte[50], bald zu spüren bekommen.

Die letzte Station der zunehmenden Spannungen zwischen dem Verlag und dem Schriftsteller wurde erreicht, als der Erfolgsautor Anfang 1937 den letzten Band seiner Mahagony-Serie vorlegte. Das Manuskript »Der Dschungel-Marschall« wurde als zu extrem abgelehnt und zur Überarbeitung an den Autor zurückgesandt. In der langjährigen Beziehung Travens zur Büchergilde war dies die erste Romanablehnung für den Autor. Der Bruch zwischen beiden Seiten war nun unvermeidbar, zumal die in der Exilgilde vorgenommene personelle Umstrukturierung – Travens alleiniger Bevollmächtigter für Europa, Josef Wieder, schied im Januar 1939 aufgrund erheblicher Differenzen mit der Gildenleitung aus der Genossenschaft aus – des Schriftstellers Enttäuschung noch verstärkte. Nach der gezwungenermaßen vollzogenen Trennung vom deutschen Lesepublikum, die der Autor als äußerst betrüblich empfand, verzichtete er nun freiwillig auf das Schweizer Lesepublikum, demzuliebe er keine weiteren Konzessionen eingehen wollte. Klar und deutlich aber geißelte Traven auch das Geschäftsgebaren der Exilgilde, die nur noch aus finanziellen Erwägungen Interesse an ihm zeigte. Zwar seien seine Werke von der Gilde bis zu dieser Ablehnung immer akzeptiert worden, aber »nicht mit Begeisterung, sondern mit asthmatischem Seufzen verängstigter Klein-Bürger, von Leuten, die sich Arbeiter-Führer nennen, die aber von jedem Wind sich treiben lassen, und in der Schweiz, sollte der Fall eintreten, genauso schlapp vor dem Fascism auf den Bauch sich werfen, wie sie es in Deutschland taten.«[51]

Daß dem enttäuschten Autor diese Trennung nicht leicht fiel, wird offensichtlich, wenn man seine materiellen Bedingungen beleuchtet, die durchaus als hoffnungslos angesehen werden können. Dem nach seinem Ausstieg aus der Gilde selbst in ärmlichen Verhältnissen lebenden Ernst Preczang teilte Traven seine Not und Entbehrungen mit. »Sie, als bekannter und großer Dichter, dem ich gegenüber, soweit wahre Dichtung und Kunst in Frage kommt, weit zurückstehe, wissen, daß Autoren, wenn sie keine materiellen Reserven aufbauen können, sich plötzlich und ganz unerwartet vor dem finanziellen Chaos finden, sollte eine Arbeit, an der sie ein Jahr oder länger gearbeitet haben, keinen Verleger finden, oder auch, wenn sie einen Verleger findet, keine Leser finden, oder so wenige, daß der Verleger es nicht für klug hält, mehr an den Autor zu wagen. Dies ist so etwa die allgemeine Lage. So elend auch meine materielle Lage gegenwärtig ist, sie ist elender als Sie auch nur vermuten«.[52]

Trotz dieser extremen Notlage vollzog B. Traven die Trennung von der Büchergilde, eine Entscheidung, über die er jahrelang nachgedacht hatte. Der Bruch mit der Exilgilde resultierte aus der Koinzidenz mehrerer Faktoren. Der Ausstieg Ernst Preczangs aus der literarischen Leitung, verbunden mit der Aufgabe traditioneller Zielvorstellungen als Zugeständnis an ein verbürgerlichtes Publikum, das unterhalten werden wollte, und schließlich die Ablehnung seines Roman-Manuskripts ließen dem Autor offensichtlich keine andere Möglichkeit. Bissig kommentierte er diese Trennung: »Nach meiner Schätzung hat die Büchergilde Gutenberg gegenwärtig fünftausend Mitglieder, die mir Dank erweisen werden, daß ich aus der Aktiengesellschaft der Büchergildenautoren ausgeschieden bin, um nicht den Tag, der bereits nahe ist, zu erleben, an dem ich aus der Büchergilde hinausgefeuert werde. Es sind diese fünftausend Mitglieder, die, wenn sie meinen Entschluß erfahren, gemeinsam mit Ihnen, dem Vorstand, und dem parfümierten Literatur-Komitee, aus tiefster Seele ausrufen werden: ›Gott im Himmel sei gelobt, und Jehova extra, daß wir diesen ungewaschenen und verlausten Vagabunden endlich los sind, unsere Bücherliste von diesem elenden Dreckfleck reinigen können, und nun endlich einmal Gelegenheit haben, uns mit wirklicher Literatur zu beschäftigen.‹ Das ist auch meine Meinung, in der ich mit Ihnen, dem Vorstand, und dem eier-polierenden Literatur-Komitee übereinstimme.«[53]

---

1 Gegenstand der nachfolgenden Ausführungen ist das Verhältnis des Schriftstellers B. Traven zu der gewerkschaftlichen Buchgemeinschaft »Büchergilde Gutenberg«, und zwar von der Entdeckung des unter einem Pseudonym schreibenden ehemaligen Revolutionärs der Münchener Räterepublik im Jahre 1925 durch den Lektor Ernst Preczang bis zu dem Ausstieg des verbitterten Autors aus der Exilgilde im Jahre 1939. Diese Darstellung kann als erweitertes

Teilergebnis einer noch nicht beendeten Dissertation über die »Büchergilde Gutenberg in der Weimarer Republik« angesehen werden. Grundlage dieses Artikels sind die im Preczang-Nachlaß (Briefwechsel Ernst Preczang - B. Traven, in: Preczang-Nachlaß, Pr B, Fritz-Hüser-Institut für deutsche und ausländische Arbeiterliteratur, Dortmund) des Fritz-Hüser-Instituts aufbewahrten Briefkopien der Korrespondenz des Arbeiterdichters mit dem exilierten Schriftsteller sowie die von der Büchergilde selber in ihrer Mitgliederzeitschrift »Die Büchergilde« (»Die Büchergilde«, Mitgliederzeitschrift der »Büchergilde Gutenberg«, von Februar 1925 bis Mai 1933 Redaktionsort Berlin; »Büchergilde«, Mitgliederzeitschrift der »Genossenschaft Büchergilde Gutenberg«, ab Juni 1933 Redaktionsort Zürich) und in ihren Festschriften veröffentlichten Briefe (»Bücher voll guten Geistes. 30 Jahre Büchergilde Gutenberg«, Frankfurt/M. 1954. »Bücher voll guten Geistes. 40 Jahre Büchergilde Gutenberg«, Frankfurt/M. 1964). Aufgrund einer nicht nur gegenüber dem Verfasser praktizierten mangelnden Kooperationsbereitschaft der Geschäftsleitung der heutigen Büchergilde, namentlich des Cheflektors Edgar Päßler, müssen leider bei dieser Skizzierung der Beziehung Travens zur Buchgemeinschaft der Buchdrucker die Bestände des Zentrallagers des gewerkschaftlichen Buchklubs unberücksichtigt bleiben. Dennoch erlaubt das gesicherte Quellenmaterial, ergänzt durch einige Hinweise aus der mittlerweile sehr umfangreichen Traven-Literatur, eine eindeutige Charakterisierung dieser langjährigen Verbindung (Aus der Vielzahl der zum Teil sehr detektivisch anmutenden Publikationen über B. Traven seien die folgenden Werke in alphabetischer Reihenfolge hervorgehoben: Johannes Beck / Klaus Bergmann / Heiner Boehncke (Hg.): »Das B. Traven-Buch«, Reinbek 1976; Karl S. Guthke: »Das Geheimnis um B. Traven entdeckt – und rätselhafter denn je«, Frankfurt/M. 1983; ders.: »B. Traven. Biographie eines Rätsels«, Frankfurt/M. o.J. (1987); Peter Küpfer: »Aufklären und Erzählen. Das literarische Frühwerk B. Travens«, Zürich 1981; Winfried Pogorzelski: »Aufklärung im Spätwerk B. Travens«, Frankfurt/M., Bern, New York 1985; Rolf Recknagel: »B. Traven. Beiträge zur Biografie«, Leipzig 1971). – 2 »Die Büchergilde«, Nr. 10, Oktober 1931, S. 300. – 3 »Büchergilde«, Nr. 4, April 1936, S. 65. – 4 Ernst Preczang an Josef Wieder, 12.9.1933; in: Preczang-Nachlaß, Pr B, a.a.O. – 5 Ernst Preczang: »Bedeutung und Wesen der Büchergilde Gutenberg«, in: »Korrespondent«, 64. Jg., Nr. 74, 18.9.1926. – 6 »Büchergilde Gutenberg«, in: »Der freie Angestellte«, Nr. 18, 1.9.1926. – 7 So charakterisierte Ernst Preczang rückblickend die Literaturlinie der Büchergilde: »Unsere Werke sollten sich nicht in blutleeren Abstraktionen ergehen; sie sollten, um es kurz zu sagen, derbe, gesunde Volksnahrung sein, die auch der unliterarischste Mensch geistig verdauen kann.« (Ben Spoer, d.i. Ernst Preczang: »Ein fabelhafter Kerl«, in: »Büchergilde«, Nr. 4, April 1936, S. 53.) – 8 Initiator der »Büchergilde Gutenberg« war Bruno Dressler, der Vorsitzende des Bildungsverbandes der Deutschen Buchdrucker, der als Geschäftsführer der Buchgemeinschaft tätig war. – 9 Peter Panter (d.i. Kurt Tucholsky): »B. Traven«, in: »Die Weltbühne«, 26. Jg., 1930, 2. Halbjahr, S. 794. – 10 21. Juni bis 16. Juli 1925. – 11 Preczang an Traven, 13.7.1925. – 12 Ebd. – 13 Traven an Preczang, 18.11.1929. – 14 Winfried Pogorzelski: »Aufklärung im ...«, a.a.O., S. 14. – 15 Peter Küpfer: »Aufklären und ...«, a.a.O., S. 284. – 16 »Büchergilde«, Nr. 4, April 1936, S. 65. – 17 Traven an Preczang, 10.9.1925. – 18 Ebd. – 19 »Die Büchergilde«, Nr. 3, März 1926, S. 48. – 20 Traven an Preczang, 9.11.1925. – 21 Ebd. – 22 Traven an Preczang, 8.8.1925. – 23 »Die Büchergilde«, Nr. 9, September 1931, S. 261. – 24 Traven an Preczang, 9.11.1925. – 25 Ebd. – 26 Ebd. – 27 Preczang an Traven, 11.12.1925. – 28 Von Januar 1926 bis Januar 1927 stieg die Mitgliederzahl von 18.571 auf 27.839. Siehe hierzu: »Büchergilde«, Nr. 9, September 1934, S. 136. – 29 Ebd., S. 137. – 30 Andersen-Nexö an Preczang, 5.4.1947: »Der Bruno D. war ein tüchtiger aber harter Herr, kapitalistischer wie die Kapitalisten selbst.« – 31 Traven an Preczang, 26.11.1930. – 32 Preczang an Traven, 19.11.1929. – 33 Ebd. – 34 »Büchergilde«, Nr. 7, Juli 1933, S. 114. – 35 Die nationalsozialistische Leitung der gleichgeschalteten Gilde ignorierte vorerst Travens Kündigungsschreiben und bediente sich weiterhin der Popularität des »Autors von Weltruf«, um Mitgliederwerbung zu betreiben. (Siehe hierzu: »Die Büchergilde«, Nr. 8, August 1933, S. 40.) Erst nach Travens massiver Drohung, einen die Nazi-Gildenleitung und deren Geschäftsgebaren kompromittierenden »Offenen Brief« der internationalen Presse zum Zwecke der Publizierung zu übergeben, lenkten führende Nationalsozialisten ein. Abgesandte der gleichgeschalteten Berliner Gilde führten in Zürich Verhandlungen mit den Vertretern der unabhängigen Gilden aus Zürich, Wien und Prag – letztere hatten sich auch von der Nazi-

31

Gilde distanziert – sowohl über noch ausstehende Zahlungen der ehemaligen Geschäftsstellen an die Berliner Zentrale als auch über Verlagsrechte an dem Erfolgsautor. Schließlich konnte ein Vertragsabschluß erzielt werden, demzufolge die Herausgeberrechte an dem Schriftsteller an die Züricher Genossenschaft überging, die auch der Nazi-Gilde die restlichen Bücherbestände des inzwischen in Deutschland inkriminierten Autors zum Herstellungspreis abkaufen konnte. (Siehe hierzu: »Geschäftsbericht der Genossenschaft Büchergilde Gutenberg Zürich für das erste Geschäftsjahr 1933/34«, Blatt 2.) – 36 Ob ernsthafte Kontakte zu anderen Verlagen bestanden, ist dem Verfasser nicht bekannt. Jedoch lassen einige Passagen in Travens Korrespondenz die Vermutung zu, daß der Schriftsteller neben Kontakten zu bürgerlichen Verlagen auch solche zum kommunistischen Malik-Verlag der Gebrüder Herzfelde unterhielt. – 37 Traven an Preczang, 14.10.1933. – 38 Während Preczang noch am Tage seiner Kündigung Berlin verließ, konnte Dressler erst nach Beendigung einer gegen ihn verhängten Haft in die Schweiz auswandern. Nach Ankunft in Zürich wurde er als Vertreter der sich ebenfalls von der gleichgeschalteten Berliner Gilde zurückgezogenen Wiener und Prager Geschäftsstellen in den Vorstand der Exilgilde gewählt. – 39 »E.P. ist ein Schriftsteller von einer Bedeutung, die leider nicht genügend gewürdigt wird.« (Traven an den Vorstand der Büchergilde Zürich, 11.1.1934.) – 40 Ebd. – 41 Ebd. – 42 Ebd. – 43 Traven an Preczang, 14.10.1933. – 44 Kennzeichnend für diesen Wandel ist die von Traven gegeißelte Goethe-Ausgabe des Jahres 1932, deren Herausgabe der revolutionäre Schriftsteller als Mißachtung der Grundsätze der Büchergilde wertete, nur Bücher zu verlegen, die auf den Geist und den Charakter der Arbeiter im aufklärerischen Sinne wirkten. Vor allem aber die Tatsache, daß die Gilde »sich erniedrigte, um gewissen nationalistischen Strömungen zu Gefallen zu sein, ›auch‹ das Goethe-Jahr zu feiern«, erzürnte Traven kolossal. (Siehe hierzu: Traven an den Vorstand der Büchergilde Zürich, 11.1.1934.) – 45 Der 1884 in Berlin geborene Literat und Kunsthistoriker Wilhelm Herzog, der auch unter dem Pseudonym Julian Sorel publizierte, gehörte zu jenen kritischen Intellektuellen, die schon früh gegen die imperialen Bestrebungen des Deutschen Kaiserreichs zu Felde zogen. Das von ihm herausgegebene, für den Weltfrieden kämpfende »Forum« wurde »wegen Propagierung eines vaterlandslosen Ästhetentums und Europäertums« (Fritz Schlawe: »Literarische Zeitschriften. Teil 2. 1910–1933«, Stuttgart 1962, S. 55) verboten und konnte erst nach Kriegsende wieder fortgeführt werden. Trotz seines Eintritts in die KPD bewahrte sich Herzog eine eigenständige Position, die ihn schließlich in Konfrontation zu der offiziellen Parteipolitik der KPD brachte. 1928 wurde Herzog aus der Partei ausgeschlossen. Ein Jahr später begann Herzogs Exilzeit, vorerst noch unterbrochen durch Aufenthalte in Deutschland. Nach der faschistischen Machtübernahme führte sein Weg über Frankreich, die Schweiz, Trinidad, die USA und wiederum die Schweiz 1952 zurück nach Deutschland, wo er 1960 in München verstarb. – 46 Preczang an Wieder, 12.9.1933. – 47 Ebd. – 48 Zit. n. Stefan Howald: »Das schöne, das gute, das billige Buch«, in: »Tages-Anzeiger«, Zürich, 4.4.1981. – 49 Helmut Dressler: »Werden und Wirken der Büchergilde Gutenberg«, Zürich o.J. (1947), S. 76. – 50 In zwei groß angelegten Werbekampagnen in den Jahren 1935 und 1936 versuchte die Exilgilde, ihre Mitgliederzahl zu erhöhen. In diesen sogenannten Mexiko-Wettbewerben offerierte die Gilde für jedes neugeworbene Mitglied ein Traven-Buch als Prämie. Darüber hinaus aber lockten von Traven gestiftete indianische Muschelketten und indianische Haushaltsgegenstände als Prämie für besonders erfolgreiche Werber. Die Spitze der Prämienliste bildete ein Löwenfell für den erfolgreichsten männlichen Werber und eine Alligatoren-Handtasche für das erfolgreichste weibliche Mitglied. Es ist unstrittig, daß diese beiden Werbekampagnen in überwiegendem Maße mit dazu beigetragen haben, daß sowohl im Geschäftsjahr 1935/36 als auch 1936/37 ein Zuwachs an Mitgliedern zu verzeichnen war. So stieg die Anzahl der Mitglieder aller drei Gilden, Zürich, Prag und Wien, 1935/36 um insgesamt 5.080 auf 24.910 Mitglieder; 1936/37 stieg sie um 4.444 auf 29.354. (Siehe hierzu: »Geschäftsbericht 1936/37 der Büchergilde Gutenberg Zürich«, S. 1 f.) – 51 Traven an Dressler, 14.1.1939. Zit. n. Kilian Schott: »Leitfaden anstelle eines üblichen Vorwortes zur Handhabung der BT-Mitteilungen«, in: »BT (B. Traven)-Mitteilungen«, Berlin 1978, S. 14. – 52 Traven an Preczang, 15.5.1939. – 53 Traven an Dressler, 8.5.1939. Zit. n. Kilian Schott: »Leitfaden ...«, a.a.O., S. 14.

Michael L. Baumann

Ein kleiner Mensch

Über einen der zwei erhalten gebliebenen Briefe, die Traven am 30. September 1933 an den neuen Direktor der Büchergilde Gutenberg schrieb, nachdem die Nazis die Berliner Büchergilde im Mai des Jahres besetzt hatten, sagt Karl S. Guthke in »B. Traven. Biographie eines Rätsels«: »Dieses scheinheilige Verhalten und bedenkenlose Profitdenken prangert Traven dann mit den schärfsten Worten an, die die deutsche Sprache – und die Umgangssprache – für geschäftüchtige Gesinnungslumperei dieser Art kennt.«[1] Dann zitiert er einen Satz Travens, in welchem der Schriftsteller die geringste Gemeinschaft mit dem Dritten Reich abstreitet, und fährt fort: »(...) worauf wieder eine Kaskade von unzweideutigen Adjektiven und farbigem Kraftvokabular auf den neuen Geschäftsführer herabregnet.«[2] Es ging darum, daß die Nazis weiter mit Travens Namen Geld machen wollten, obwohl sie schon zwei seiner Romane unterdrückt und vermutlich am 10. Mai 1933 zusammen mit Büchern von anderen »zersetzenden« oder jüdischen Autoren verbrannt hatten. Unter anderem war Traven in seinen Briefen darum bemüht, daß die Nazis »Die Kunst der Indianer«, dessen Manuskript sie schon in ihrem Besitz hatten, nicht druckten, und er droht, den zweiten, einen »Offenen Brief«, zu veröffentlichen und auf diese Weise die neue Direktion der Büchergilde ordentlich zu beschämen und zu blamieren.

Guthke zitiert jedoch kein einziges Wort des »farbigen Kraftvokabulars« und gibt den Briefen somit eine Deutung, die dem Inhalt nicht entspricht. Denn wenn Guthke in den Ausdrücken und Formulierungen, die Traven in diesen Briefen benutzt, die schärfsten Worte der deutschen Sprache – und Umgangssprache! – sieht, so sagt dies zwar viel über Guthkes Auffassung von der deutschen Sprache aus, verdeckt indessen ein Problem, mit dem sich Kritiker, Biographen und Traven-Verehrer auseinandersetzen müßten, weil vom üblichen Kraftvokabular der deutschen Sprache hier nicht die Rede sein kann.

Schon der persönliche Brief an Otto Jamrowski, an den beide Briefe gerichtet waren, deutet an, mit was für einem Vokabular wir es hier in Wirklichkeit zu tun haben. In diesem Brief droht Traven, er werde den »Offenen Brief« auch an Göring und Goebbels schicken, und »dann duerfen Sie noch froh sein, dass Ihnen nicht das gleiche neu-deutsche Vergnuegen zu teil wird, das den juedisch-national-socialistischen Sternebeschwoerer Hanussen so rasch und unversehens in ein ruhigeres Dasein versetzte.«[3] (Dieser hatte, nach Traven, den »guten Ruf« der SA und N.S.O. herabgesetzt.) Im folgenden Satz spricht Traven von Hanussen als »Dieser Rassen-

und Landesgenosse Ihres Adolf (...)« (schon am Anfang des Briefes hatte Traven Hitler den »Abraham von Oesterreich« genannt). Unmißverständlicher wird Traven im nächsten Absatz, dessen erster Satz lautet: »Sie duerfen ueberzeugt sein, dass, sobald ich den Offenen Brief veroeffentlicht habe, es mit Ihrer Gilde zu Ende ist; denn sie wird dann von den besten ihrer Genossen verlassen, von denen, die noch genuegend Charakter und Gesinnung besitzen, um die Verjudung in ihrem vollen Umfang zu erkennen, die unter Ihrer Gilde um sich gegriffen hat.«

Verjudung? Heute mutet es einen geradezu grotesk an, daß Traven die Nazis ausgerechnet mit Juden, will sagen, mit geschäftstüchtigen Juden, vergleicht. Guthke hatte zwar den kleinstmöglichen Hinweis auf das, was in den Briefen steht, gegeben, indem er im Satz, der auf das von mir schon Zitierte folgt, sagt: »Traven kehrt den Spieß der nationalsozialistischen Propaganda um, wenn er das Geschäftsgebaren der neuen Büchergilde als ›jüdisch‹ bezeichnet.«[4] Da aber dieser Satz mit dem Wort »jüdisch« für den Leser eine Überraschung enthält, über die Guthke mit keinem weiteren Wort aufklärt, und da er uns nicht sagt, wie Traven sonst noch über dieses jüdische Geschäftsgebaren der Nazis spricht, macht er es dem Leser unmöglich, ein eigenes Urteil über einen so wichtigen Vergleich zu fällen.

Wie also spricht Traven über dieses Gebaren? Was, im »Offenen Brief«, ist die »Kaskade« von »unzweideutigen Adjektiven« und »farbigem Kraftvokabular«, die auf den neuen Geschäftsführer »herabregnet«? Diese Kaskade lautet folgendermaßen: »Das, was Sie tun (...), ist so schaebig, juedisch, dass selbst ein kleiner mickriger, juedischer Pfandleiher in Poplowitz dem gegenueber ein Mann von lauterem Charakter genannt werden muss.« Die Tatsache, daß er, Traven, *nicht* Jude sei, muß »nun für Sie (...) Ansporn gewesen [sein], mit mir und meinen Arbeiten Ihre dreckigen juedischen Geschaefte zu machen«. – »Wie grundschaebig niedrig, durch und durch undeutsch, von hinten und vorne verjudet und versemitet Sie in den fuenf Monaten geworden sind (...)« – »Gefaehrlich (...) ist die Buechergilde Gutenberg Berlin, die so schamlos ist, so schaebig, gesinnungslos, juedisch, semitisch, verjaucht, geldgierig, schmierig, stinkig und neudeutsch (...) ihre semitischen Warenhaus-Geschaefte zu retten (...)« – »Die Buechergilde Gutenberg Berlin, nunmehr voellig umgeschaltet und gleichgeschaltet in vollkommener Verjudung, getreulich folgend den Geschaefts-Instinkten getaufter oesterreichischer Semiten, besitzt weder Scham, noch Gesinnung, noch Anstand (...)« – »(...) um mit dieser Schande semitische Geschaefte zu machen.« – »(...) Sie, ein verjudeter Neudeutscher (...), vor meinen Augen moralisch tiefer als der schaebigste kleine krumme Jude, den ich mir vorstellen kann.« – »Daraus schliesse ich, dass Sie morgen, mit der gleichen frisch-froehlichen juedischen Heil-Geste den Kadaver nicht Ihres Reichskanzlers, wohl aber den Kadaver Ihres Volkskanzlers an den Meistbietenden, selbst an den Rabiner Abraham Hietlowitz in Krakau, verschachern, um auf dem Laufenden zu bleiben.« – »Dass Sie das Geld von Juden annehmen, wundert mich bei einer so verjudeten Gesinnung nicht.« – »Aber Ihre juedische Habgier, unbeschraenkt von irgendwelcher Moral oder Gesinnung, wie Ihre juedische Verkaufswut (...) beweist mir (...), dass Sie sich selbst zu jener erhabenen Groesse hinaufzuschwingen vermoegen, zur rechten Zeit und fuer den rechten Preis, Deutschland (...) nicht nur an Frankreich und an die Bolscheviken, sondern auch an den Bankier und Grundstueckemakler Adolph Cohn in New York zu verschachern.«

Mit solchen Phrasen den Spieß der nationalsozialistischen Propaganda umkehren? Wenn Traven das »jüdische« Gebaren der neuen Büchergilde *einmal* erwähnt hätte, und zwar auf ironische Weise, wäre eine derartige Deutung vielleicht möglich. Aber diese Kaskade antisemitischer Floskeln und Erfindungen, die kaum tot-ernster hätten gemeint sein können, deutet offenkundig auf einen tiefwurzelnden Antisemitismus hin, der in scharfem Widerspruch zu Travens humanistischem und wahrscheinlich auch zu seinem anarchistischen Denken steht. Jung ist dieser Humanist und Anarchist auch nicht mehr, so daß man vermuten muß, daß der nun schon einundfünfzig-jährige Marut/Traven mit einer derartigen Gesinnung aufgewachsen war. Sicher erscheint indessen, daß er, hätte er den »Offenen Brief« 1933 tatsächlich veröffentlicht, viele seiner Leser verloren haben würde.

In seinem »Offenen Brief« sagt Traven auch noch folgendes: »Meine Ansichten gegenueber gewissen Charakter-Eigenschaften der Juden sind den Lesern meiner Buecher nicht unbekannt. Aber der Jude, wie unmoralisch er auch zuweilen seine Geschaefte betreiben mag, kennt eine Grenze in seinen Geschaeften. Er verhungert lieber mit seinem Schicksal als dass er versuchen wuerde, sich zu retten mit dem Verkauf antisemitischer Buecher und Zeitungen.« Die Nazis hingegen, so muß der Leser folgern, seien unfähig, sich selbst und den Ihren treu zu bleiben. Ob diese Äußerung den Antisemitismus Travens mildert, muß der Leser selber entscheiden. Interessant ist, daß Traven auf seine Bücher hinweist, in denen er seine Ansichten über Juden ausspricht. Ich komme gleich auf jene, die unter dem Namen B. Traven erschienen sind, zurück, möchte mich jedoch zuerst kurz mit Maruts »Ziegelbrenner« befassen, weil aus dieser Zeitschrift derselbe Geist spricht, den wir in den Briefen an Jamrowski antreffen. (Judy Stone hatte schon 1967 auf den Antisemitismus des »Ziegelbrenner« hingewiesen. Ihre brieflichen Fragen darüber hatte Traven nie beantwortet.[5])

»Der Ziegelbrenner«, den Marut zwischen 1917 und 1922 herausbrachte (die letzte Nummer, die von 1922, befindet sich im Traven-Archiv in Mexiko) und den er, nach Armin Richter, allein schrieb[6], war eine höchst persönliche Zeitschrift, in der Marut bestrebt war, aus seinen Lesern »Menschen« zu machen. Ob Juden in diese Absicht mit eingeschlossen waren, muß fraglich bleiben. Schon in der allerersten Nummer wird ein Stück von Lion Feuchtwanger als ein »jüdelndes Scheunenvorstadtgemansche«[7] beschrieben. In der fünften Nummer gibt Marut zu, nach der dritten, aber ganz bestimmt nach der vierten, alle seine jüdischen Abonnenten verloren zu haben. Er schreibt: »Ein Mensch, der sein Judentum betont, ist für mich ebenso unausstehlich wie einer, der seine antisemitische Weltanschauung unterstreicht. Mir gilt nur der Mensch (...)«[8]. Dann behauptet er, daß »der Germane antisemitischer Richtung« »Groß-Jude« geworden sei, weil er an Geschäften interessiert ist, während »der Jud« sich zur »germanischen Anschauung durchgerungen« habe, und daß für ihn »der Verlust geistiger Kulturgüter beklagenswerter ist als der Verlust der Bagdadbahn-Aktien«[9]. Auf der nächsten Seite hören wir, daß Marut sich nach den »unwirtlichen« Gefilden des alten Germaniens sehne, »weil ich lieber Bauer wäre als antisemitischer Zeitungsschreiber«[10]. Und noch auf derselben Seite: »Denn nur ein Jude wittert hinter allen Dingen Geschäft, nur ein Jude wittert hinter allem Tun Einträglichkeit, weil er selbst nichts unternehmen würde, wenn es ihm nicht einen angemessenen Gewinn abwirft.«[11] Und da die Germanen Krämer werden wollen, kann man sie kaum noch von den Juden unterscheiden. Man müsse zu der Anschauung kommen, »daß das deutsche Volk kein Krämervolk werden darf, sondern ein Kulturvolk (...)«[12]. Schließlich schreibt er: »Und besonders Du, Jud, bist um nichts besser (als Angehörige anderer Völker; d. Verf.). Denn so lange Du sagst: Ich bin ein Jud und bin stolz, einer zu sein! statt zu sagen, Ich bin nichts als ein schlichter Mensch! so lange bist Du mir genau so widerlich wie der Antisemit, denn Du bist ja nur darum kein Anti-Arier, weil Du augenblicklich hier die Minderheit bist.«[13]

Etwas später in derselben Nummer wendet sich Marut folgendermaßen an einen Soldaten, der an ihn geschrieben hatte und dessen Name A. Rasenberger war: »verjudeter Germane (oder gar germanisierter Jude)«[14]. Und noch später, als Antwort auf die Phrase »Ullstein & Co. aus Berlin«, die ein preußischer Offizier in einem Brief an ihn benutzt hatte, schreibt Marut: »Irrtum, der Mann ist nicht aus Berlin. Er wird aus Galizien oder aus Budapest sein.«[15] Der sarkastische Ton verbirgt den zentral-europäischen Antisemitismus kaum, ob Marut nun Zentral-Europäer war oder nicht, denn dessen Reaktion scheint meist jene gewesen zu sein, Juden wenigstens geistig wieder ins Stetl zu verbannen. Welche Genugtuung in der Feststellung zu lesen ist, daß die Ullsteins aus Galizien stammen und darum keine echten Deutschen sein konnten! Übrigens hielt sich Marut, wenn es zur Judenfrage kam, für einen besonders Beauftragten: schon ein halbes Jahr früher hatte er sich als denjenigen beschrieben, »der der Verjudung unseres Zeitalters noch ganz heftig auf die Pelle rücken wird.«[16]

Doch stieß Marut mit seinem Antisemitismus auf ein sicherlich nicht ungewöhnliches Problem: er bewunderte nämlich einzelne Juden. So gibt er zum Beispiel zu, daß »die begeisterten Vorkämpfer für die Verbrüderung der Menschen (...) zum großen Teil Juden« waren und sind[17], was schwer mit Geschäftewittern in Einklang zu bringen ist. Wahrscheinlich darum fügt er sofort hinzu: »(...) wenn aber ihr Geldsack bedroht wird, dann gehen sie mit ihren wütenden Feinden in Reih und Glied.«[18] Einzelne, die Marut nennt, sind Karl Kraus, über den er immerhin schreibt, daß er den Juden »die bittersten Wahrheiten gesagt hat, die den Juden überhaupt gesagt werden können«[19], und Jesus Christus, dessen Worte und Lehren »die Grundform bilden konnten für die Religion nicht-jüdischer Völker, während die Juden ›die Gesetze hielten‹.«[20] Schließlich erwähnt er zwei politische Kameraden, Opfer »der kapitalistischen Gerechtigkeit bairischer Sozialdemokraten und der Blutrache des christlich-bairischen Bürgertums«[21]. Es sind die ermordeten Dr. Leviné und Gustav Landauer, »der erste mir in seiner unantastbaren revolutionären Ehrenhaftigkeit und in seiner rührenden Bedürfnislosigkeit bekannt; der zweite mir freund und vertraut geworden, als in wehen und schweren Geburtsstunden neuer Zeit und neuer Sittlichkeit ich ihm Mitarbeiter war.«[22]

Noch zwei äußerst merkwürdige Stellen im »Ziegelbrenner« sollten im Zusammenhang mit Maruts Antisemitismus erwähnt werden. Eine ist die, an der Marut behauptet, Moses sei nicht Jude, sondern Ägypter gewesen[23]; die andere jene, an der Marut Einsteins Relativitätstheorie rundweg abstreitet und einen Essay konstruiert, der die »Markurve« (Marut Kurve?) als Erklärung des Einsteinschen Problems einsetzt.[24] Soweit ich weiß, hat bisher nur ein einziger Leser behauptet, diesen Essay zu verstehen.

In Marut müssen wir also den stereotypen Antisemiten erkennen, der ab und zu seine Verachtung für andere Antisemiten ausspricht und ganz unbewußt im Konflikt mit den eigenen Gefühlen steht, der sich aber nie über die spontane Flut seiner anti-jüdischen Reaktionen, die immer wieder aus ihm wie eine unterirdische Quelle bricht, Fragen stellt. Er ist vom Thema Juden und Jüdischsein besessen, denn im »Ziegelbrenner« beteuert er wiederholt, kein Jude zu sein und keinen einzigen Tropfen jüdischen Blutes in seinen alt-germanischen Adern zu tragen. Darum muß man sich erlauben zu fragen: Und dies bedeutet, Mensch zu sein?

Wenn auch Maruts Antisemitismus im Widerspruch zu Travens humanistischem und anarchistischem Denken steht, so ist er trotzdem nicht zu leugnen. Für jene, die zwischen Marut und Traven keinen Unterschied erkennen – und fast alle deutschen Leser und Kritiker sind ja von der Identität der beiden überzeugt –, wird es schwerer sein, sich damit abzufinden, als für jene, zu denen ich gehöre und die in Marut und Traven zwei verschiedene Identitäten sehen: einen amerikanischen Verfasser der Ur-Manuskripte der meisten Traven-Werke und Ret Marut alias B. Traven, den Überarbeiter und Übersetzer dieser Manuskripte.[25] Fest steht, daß das antisemitische Gedankengut des »Ziegelbrenner« und des »Offenen Briefes« von 1933 auch in B. Travens Buch über Mexiko und in zwei seiner Romane vorzufinden ist und daß dort ebenfalls die Denk- und Schreibweise Ret Maruts klar erkennbar ist.

Leser werden sich daran erinnern, daß Marut ebenso kritisch gegenüber den Deutschen war (was mit seinem instinktiven Antisemitismus keineswegs gleichzustellen ist), wie es Traven gegenüber den Amerikanern – und Europäern – ist. Seine Kritik geht in »Land des Frühlings« so weit, daß er eigentlich die ganze weiße Rasse mit ihrem Individualismus und ihrer Machtgier verdammt, während er die Indianer, unter denen er ein Kommunalstreben zu erkennen glaubt, glatthin als die Rettung der Menschheit ansieht.[26] Traven entwickelt in »Land des Frühlings« gewisse Rassentheorien, die über sein anarchistisches Denken hinausgehen, obwohl gerade das kommunale Leben der Indianer den Anarchisten in ihm anzieht. Ob und wie weit nun der Leser Travens Kommentare über Juden, Neger und Chinesen in »Land des Frühlings« im Rahmen solcher Rassentheorien betrachten muß, ist schwer zu sagen, denn sie kommen einem oft nur wie die Grillen eines Mannes voller Vorurteile vor. So schreibt Traven zum Beispiel: »Dem Israeliten, der in seiner Natur der asiatischen Ideenwelt, nicht der europäischen untersteht, gilt die Familie mehr als der Staat, in allen Fällen, wo der Israelit noch rein und ursprünglich auftritt. Darum wird der Israelit niemals in irgendeiner europäischen Nation in seinem Wesen heimisch werden; innerlich kann er keine Gemeinschaft mit der Nation haben, sowenig wie irgendein anderer Asiat.«[27]

Man sollte meinen, daß ein Anarchist sich darüber freuen würde, daß sich jemand im Staate, in der Nation, *nicht* heimisch fühlen kann, aber es geht hier tatsächlich darum, daß »der asiatische Individualismus zur Bildung despotischer Autokratien« führt, in denen »das Oberhaupt der Familie oder Sippe Autokrat ist.«[28]

Anders verhält es sich mit folgendem Kommentar: »Der Indianer in U.S. ist kein amerikanischer Bürger vor dem Gesetz, während ein Wucherer aus Warschau oder ein Mädchenhändler aus Odessa über Nacht vollwertiger amerikanischer Bürger werden kann, den niemand antasten darf, ohne die amerikanische Militärmacht auf den Hals zu kriegen. Wenn er sich in Mexiko Land ergaunert durch irgendwelche Tricks, und die mexikanische Regierung will ihm das unrechtmäßige oder auf ungesetzlichem Wege erworbene Land wieder abnehmen, sofort kommt eine energische Protestnote von Washington, die das Privatrecht des Gauners, der sich in Lodz nicht auf der Straße sehen lassen darf, mit allen Mitteln der Diplomatie verteidigt.«[29]

Es bleibt noch aufzuzeigen, was Traven über Neger und Chinesen sagt. So heißt es: »Es ist zweifellos ein Irrtum, daß alle Rassen gleichwertig seien an Bildungsfähigkeit; jede Rasse hat ihre besonderen Eigentümlichkeiten, aber die eine besitzt höhere Intelligenz als die andere. Trotzdem viele Neger einen hohen Grad von Entwicklungsmöglichkeit zeigen und viele ihn auch praktisch bewiesen haben, so sind sie der weißen Rasse als Rasse unterlegen. Der Junge eines deutschen oder polnischen Einwanderers, dessen Vorfahren in ihrem Heimatlande seit Jahrhunderten in keiner Weise besser lebten oder besser behandelt wurden als Negersklaven, muß schon ein Dummkopf sein, wenn er nicht den Negerjungen, dessen Vater vielleicht besser gebildet ist als der Vater jenes weißen Jungen, auf beinahe allen Gebieten des Lernens leicht überflügelt.«[30]

Und auch dies schreibt Traven: »Ich habe gesehen, wie Indianer aus durchaus primitiver Umgebung heraus an Maschinen gestellt wurden und nach wenigen Tagen die Maschinen mit einer so kühlen Sicherheit bedienten, als wären sie bei ihnen aufgewachsen. Er begreift viel rascher und, nachdem er begriffen hat, arbeitet er auch noch viel selbständiger als der Neger. Hinter dem Neger muß man immer her sein, sonst arbeitet er nicht, während der Indianer es nicht vertragen kann, daß man ihn antreibt, er verrichtet seine Arbeit aus einem Verantwortlichkeitsgefühl heraus, das zu den Eigenschaften seines Charakters gehört.«[31]

Und schließlich heißt es über Chinesen: »Wenn der Mexikaner erklärt, daß er den Chinesen nicht riechen könne, auch wenn er frisch gewaschen sei, wenn er behauptet, daß der Chinese stinkt, so ist das lediglich eine Bestätigung der Tatsache, daß die Natur die Mischung nicht für gut hält. Denn Liebende und erst recht Zeugende berauschen sich an ihrem Körpergeruch.«[32]

Dies steht am Ende einer langen Abhandlung über Rassenvermischung – zwischen Weißen und Indianern sei sie günstig, zwischen Mexikanern und Chinesen nicht. »In der Rassenvereinigung hat der Chinese keinen Platz (...). Wenn der Mexikaner das alles auch nicht erklären kann, so fühlt er es doch instinktiv. Der Instinkt warnt ihn, sich mit dem Chinesen einzulassen.«[33] Mag sein, fährt Traven fort, daß in tausend oder zweitausend Jahren »der Chinese eine günstige Rassenmischung bietet«[34]. Die Chinesen in Mexiko tragen ja auch nichts zur Kultur der Mexikaner bei; andererseits mischen sie sich nicht in das Leben der Mexikaner, eines anderen Volkes, ein. Dies sei eben *nicht* der Fall mit amerikanischen und europäischen Juden, welche »Tatsache« Traven dann als Erklärung für den Antisemitismus in Amerika und Europa liefert! (Judy Stone hatte sicherlich recht, als sie 1966 schrieb, daß Traven im geistigen Gefolge Gobineaus stehe.[35])

Im »Totenschiff«, dem ersten der zwei Romane, die antisemitische Passagen enthalten, muß Gerard Gales zusehen, wie eine gewisse Dame vom amerikanischen Konsul in Paris umstandslos einen zweiten amerikanischen Paß für den erhält, den sie verloren hat, während er nicht einmal imstande ist, den Konsul davon zu überzeugen, daß er ebenfalls Amerikaner sei und einen zweiten Paß brauche, da sein erster auf einem Schiff in Antwerpen geblieben sei, das ohne ihn abgefahren war. Als Gales den Konsul über die »unglaublich« dicke, schwarzhaarige Frau – »sie hatte pechschwarze, ölige Haare, eine auffallend krumme Nase und krumme Beine (...). Sie keuchte und schwitzte, und unter der Last ihrer Perlenketten, Goldgehänge und Brilliantenvorstecknadeln schien sie beinahe zusammenzubrechen«[36] – befragte, erwiderte der: »Aber das war doch die Frau Sally Markus aus New York, werden Sie doch schon gehört haben, den Namen. Das große Bankgeschäft.« Darauf sagt Gales für einen amerikanischen Seemann auf sehr untypische Weise: »Ich glaube kaum, daß die Dame Amerikanerin ist, ich würde viel eher glauben, daß sie in Bukarest geboren ist.«[37] Zum Erstaunen des Konsuls, denn dort *war* sie geboren, obwohl sie nun »amerikanische Bürgerin« ist.

Daß es jüdische Bankiers gibt und daß ihre Frauen von amerikanischen Konsuln besser behandelt werden als amerikanische Seemänner, ist gewiß ein Teil der Realität des »Totenschiffs«. Fragen muß man sich jedoch, ob stereotyp antisemitische Beschreibungen notwendig sind, um jene Realität wiederzugeben. Traven hätte da von Frank Norris und seinem Roman »The Octopus« (1901) lernen können, daß ein Jude in hoher Stellung, jemand, der der eigentliche Bösewicht im Buche ist, auch ohne antisemitische Floskeln dargestellt werden kann.

Ich erwähne absichtlich »Octopus«, weil »Die weiße Rose«, der zweite Roman, der antisemitische Passagen enthält, in seiner Struktur auf »Octopus« beruht. In der »Weißen Rose« ist einer der bösesten Menschen der Rechtsanwalt Abner, den Mr. Collins dazu benutzt, Don Jacinto, den Besitzer der mexikanischen Hacienda Weiße Rose, nach Kalifornien zu locken, wo er ihn ermordet. Er bringt dies fertig, indem er Don Jacinto als Gegengabe für die Maultiere, die er von ihm erhalten hat, kalifornische Maultiere verspricht, eine Ehre, der Don Jacinto nicht ausweichen kann. Traven schreibt über Abner: »Mr. Abner konnte reden (...). Er konnte besser reden als ein jüdischer Altkleiderhändler der Eastside in New York.«[38] Aber wichtiger als Abner ist Mr. Collins selbst, Don Jacintos wahrer Gegner, ein Ölmagnat, der die Weiße Rose haben will, weil das Land, das er um die Weiße Rose herum schon besitzt, viel Öl produziert. Über Collins schreibt Traven: »Mr. Collins arbeitete nach dem Rezept in der Bibel, nach jenem Rezept, das Joseph, den Sohn Jakobs, aus einem vergessenen Gefängnisbruder zum reichsten Mann und endlich sogar zum Vizekönig in Ägypten machte. Zum Leidwesen vieler, in damaliger Zeit, wieder ein Fremder und wieder ein Jude. Joseph, wie man wohl recht gut weiß, sammelte alles Getreide zu billigen Preisen in den sogenannten fetten Jahren, als der Preis sehr tief stand, und er verkaufte das Getreide dann in den Hungerjahren zu Wucherpreisen. Die Bibel, wie so oft, erzählt uns das nur nicht richtig. Sie erzählt das ein wenig verbrämt, damit der liebe Gott auch etwas von dem Ruhme abbekommen soll. Man kann ja einem Juden nicht allen Ruhm allein lassen. Und es ist seit jener ägyptischen Periode, daß die Blutsgenossen des Joseph nach und nach den ganzen Getreidehandel übernommen haben, besonders in den Staaten, weil ja die Christen doch nicht richtig mit Getreide umgehen können und weil die Juden die längere und reichere Erfahrung haben. – Mr. Collins war nicht Jude. Er wollte sogar den Juden die Einwanderung in die Staaten verbieten. Aber es muß gesagt sein, daß er größer war als Joseph und größer als der Earl of Beaconsfield, der es, geschickt wie Joseph, verstanden und vermocht hatte, sich aus einem Benjamin D'Israeli zum englischen Vizekönig emporzuheben. – Mr. Collins war größer als Joseph und größer als Beaconsfield; denn es ist ja immer so: Wenn jemand ganz groß und rücksichtslos ist, dann ist es ganz bestimmt kein Jude. Und hierin liegt ein Trost für die, die nicht Juden sind.«[39]

Dann erklärt Traven, daß Mr. Collins' Größe darin bestand, gewissen reichen Amerikanern vor der »proletarischen Solidarität« Angst zu machen. Das Resultat ist, daß sie alle Kohle zu Tiefstpreisen aufkaufen und später, als Kohle durch sie Mangelware geworden ist und niemand außer ihnen noch Kohle besitzt, sie zu Wucherpreisen verkaufen.

So wie Marut aus Moses einen Ägypter macht, so macht Traven aus Joseph einen modernen Finanzkapitalisten. Beide Belehrungen wirken klug – und pedantisch. Und unnötig. Doch wahrscheinlich hatte Marut/Traven gerade diese Stelle in der »Weißen Rose« im Sinn, als er an Jamrowski schrieb, daß seine Leser durch seine Bücher mit seinen Ansichten über gewisse Eigenschaften der Juden vertraut seien. Denn der Besessene verliert nun seine Besessenheit: Ret Marut kehrt, mit Ausnahme der hier erwähnten Passagen, nachdem er B. Traven wird, nicht mehr zum Thema Juden zurück.

Für amerikanische Leser, aber auch für deutsche, wäre es wichtig, Traven so zu sehen, wie er war. Der Mythos, der Traven in den USA während der späten sechziger und frühen siebziger Jahre umgeben hatte und der ihn heute noch vielerorts in Europa umgibt, sollte endlich zerstört werden. Anarchist und Humanist war Traven gewiß, und auch ein Streiter für die Rechte *einiger* Minoritäten und Unterdrückter. Aber ohne die Schwächen, ohne die Vorurteile der damaligen und heutigen Gesellschaft war er nicht. Wie andere Menschen war er voller Widersprüche. 1957, fast zwanzig Jahre nachdem sein Werk eigentlich vollendet war, verkaufte Traven eine Geschichte, die aus Pancho Villa den blutrünstigen Mörder macht, für den ihn eine unwissende Welt immer gehalten hat, statt ihn als einen der Helden der mexikanischen Revolution zu behandeln, wie es Travens früheren Sympathien eher entsprochen hätte. Andererseits hatte Traven ja schon 1928 Kurzgeschichten verkauft, in denen er sich über die Dummheit, das Unwissen und die Dickschädeligkeit der mexikanischen Indianer lustig machte, jener Indianer, die er später zu seinen Herzensbrüdern erklärte. Kritiker und Biographen sollten diese Widersprüche erkennen und ehrlich darüber schreiben, so wie es Guthke auch über die unermeßlich viele Zeit, die Marut/Torsvan/Traven/Croves als Publizist der Traven-Werke verbringt, in seiner Biographie tut. Denn dieses unerwartete Geschäftsgebaren steht in krassem Gegensatz zur lebenslänglichen Prätention Travens, sich weder um Ruhm noch um Geld zu scheren. Dies alles sind Züge, die den stolz zurückgezogenen Schriftsteller erkennbarer machen. Wir erwarten vom Verfasser der Traven-Werke Großes, weil er in seinen Büchern an den Ungerechtigkeiten der Welt leidet und gegen sie ankämpft; wir müssen uns damit abfinden, daß hinter B. Traven Ret Marut steht, mit seinen Rassenvorurteilen, seinem Antisemitismus und seiner Selbstpromotion – ein kleiner Mensch.

1 Karl S. Guthke: »B. Traven. Biographie eines Rätsels«, Frankfurt/M. 1987, S. 474. – 2 Ebd. – 3 Im Traven-Archiv der Büchergilde Gutenberg, Frankfurt/M. Ich bin Edgar Päßler dankbar, mir erlaubt zu haben, Travens Korrespondenz zu lesen. Die zwei hier zitierten Briefe geben als Absendeort einen Stadtteil Londons an und waren offensichtlich auf einer Schreibmaschine ohne Umlaute getippt, was den Gebrauch des e nach a, o und u erklärt. Weitere von mir zitierte Stellen werden ohne Anmerkungen gegeben. – 4 Vgl. Guthke, ebd. – 5 Vgl. Judy Stone: »The Mystery of B. Traven«, in: »Ramparts«, September 1967,

S. 38–39. – **6** Vgl. Armin Richer: »Der Ziegelbrenner: Das individualistische Kampforgan des frühen B. Traven«, Bonn 1977, S. 22. – **7** »Der Ziegelbrenner«, Heft 1, 12.9.1917, S. 12 (zitiert nach dem von Max Schmid herausgegebenen Faksimiledruck, Zürich 1967). – **8** »Der Ziegelbrenner«, Heft 5/6/7/8, 9.11.1918, S.110. – **9** Ebd. – **10** Ebd., S. 111. – **11** Ebd. – **12** Ebd., S. 112. – **13** Ebd., S. 113. – **14** Ebd., S. 148. – **15** Ebd., S. 156. – **16** »Der Ziegelbrenner«, Heft 4, 27.7.1918, S. 88. – **17** »Der Ziegelbrenner«, Heft 15, 30.1.1919, S. 17. – **18** Ebd. – **19** »Der Ziegelbrenner«, Heft 16/17, 10.3.1919, S. 20. – **20** Ebd., S. 21. – **21** »Der Ziegelbrenner«, Heft 23/24/25, 20.3.1920, S. 1. – **22** Ebd. – **23** Vgl. ebd., S. 17 ff. – **24** »Der Ziegelbrenner«, Heft 20/21/22, 6.1.1920, S. 1–43. – **25** Die Begründung dieser Ansicht ist in folgenden meiner Arbeiten vorzufinden: »Reflections on B. Traven's Language«, in: »Modern Language Quarterly«, 36 No. 4 (Dez. 1975), S. 403–417; »B. Traven: An Introduction«, Univ. of New Mexico Press, Albuquerque 1976, 1. und 4. Kapitel; »Some Problems with ›The White Rose‹«, in: »B. Traven: Life and Work«, Penn. State Univ. Press, University Park 1987, S. 25–43; »The Question of Idioms in B. Traven's Writings«, in: »German Quarterly«, 60 No. 2 (Spring, 1987), S. 171–192; »Rejoinder to Guthke's Response«, in: »German Quarterly«, 60 No. 4 (Fall, 1987), S. 631–640. – **26** Für eine Besprechung der Rassenthematik und Ideenwelt in »Land des Frühlings« siehe meinen Artikel: »B. Traven: Realist and Prophet«, in: »Virginia Quarterly Review«, 53 No. 1 (Winter, 1977), S. 73–85. – **27** »Land des Frühlings«, Berlin 1928, S. 203. – **28** Ebd. – **29** Ebd., S. 41. – **30** Ebd., S. 200. – **31** Ebd., S. 417. – **32** Ebd., S. 404. – **33** Ebd. – **34** Ebd. – **35** Vgl. Stone, a.a.O., S. 39. – **36** »Das Totenschiff«, Berlin 1926, S. 49 f. – **37** Ebd., S. 57. – **38** »Die weiße Rose«, Berlin 1929, S. 166. – **39** Ebd., S. 100 f.

Peter Lübbe

B. Traven und der Kommunismus

Seit Jahr und Tag gibt es den Kampf zwischen Menschen, die aus dieser Welt möglichst viel herausschlagen wollen, und jenen, die diese Welt besser machen wollen, besser für alle.

B. Traven gehört zu den letzten. Es ist deshalb nicht verwunderlich, daß er (sprich Ret Marut) den Oktoberumsturz von 1917 in Rußland begrüßt: »Das gewaltigste und folgenschwerste Ereignis für den Fortschritt menschlicher Entwickelung war die russische Revolution.«[1] Drei Monate später ruft der »Ziegelbrenner« den Männern und Frauen der »Welt-Revolution« zu: »Seht nach Rußland! Rußland ist euer bester Lehrmeister.«[2] Er vermeint, von Rußland gehe »das Licht der Welt aus«[3]. Doch bereits Anfang Dezember 1919 räumt der Autor ein, »es kann geschehen, daß die kommunistische Partei, einmal zur Macht gelangt, die Anhänger ihrer nachfolgenden Partei vielleicht ebenso verfolgt wie die Kommunisten heute von den Sozialdemokraten verfolgt werden«[4]. Diese Einsicht faßt 1926 der Verfasser des Romans »Das Totenschiff« schärfer: »Das Traurige, das Beklagenswerte, aber echt Menschliche ist, daß diejenigen, die gestern noch selber die Verfolgten waren, heute die bestialischsten Verfolger sind. Und unter den bestialischen Verfolgern sind heute auch schon die Kommunisten.«[5] Es ist die Zeit, in der die linke Opposition in der KPdSU ihren Kampf gegen Stalin verloren hat, in der Widersacher des Generalsekretärs von der politischen Polizei verfolgt und die Parteigänger Grigorij Sinowjews, des Vorsitzenden der Kommunistischen Internationale, unterworfen oder aus der Komintern verdrängt werden. Die antistalinistische Linke in der KPD wird aus der kommunistischen Bewegung ausgeschlossen.

Schon der »Ziegelbrenner« wendet sich gegen »Parteipäpste«, die Marx' Entwurf einer klassenlosen Gesellschaft zur »Staatsreligion« umlügen.[6] Die Niederwerfung des Aufstandes der Rotgardisten und Arbeiter von Kronstadt im März 1921 hatte wohl auch Maruts Blick für den Staatsterrorismus des Sowjetsystems geschärft, so daß er im letzten Heft seiner Zeitschrift vor einer Entwicklung in Rußland warnt, die »brauchbare Sklaven« schaffe.[7]

Das frühe Mißtrauen gegen »Ismen« jeder Art läßt Marut im Frühjahr 1920 in den Ruf ausbrechen: »Mensch, sei ewiger Revolutionär und Du hast gelebt!!!«[8] Denn, so der Autor des »Wobbly«, nach der Revolution beginne sonst der alte Kreislauf.[9]

Traven unterscheidet aber sehr wohl zwischen einer selbstbestimmungsfeindlichen politischen Ordnung, die sich mit dem Wort Kommunismus schmückt, und dem ursprünglichen kommunistischen Anliegen. Im »Totenschiff« zum Beispiel preist der Kohlenschlepper Stanislaw seinem Gefährten

Gale das paradiesische Leben einer Besatzung, wenn in der Mannschaft ein paar Mitglieder der Seeleutegewerkschaft sind: »Wenn da ein gesunder Eimer ist, wo nicht nur Yanks drauf sind, sondern Yanks, die Komms sind, Mann, das ist Honig.«[10]

Für den Goldgräber Curtin im Roman »Der Schatz der Sierra Madre« (1927) beabsichtigen Kommunisten, »allen Nichtarbeitern, die das Geld schon haben, den Respekt vor dem Arbeitslohn beizubringen, daß man dem Arbeiter den Lohn gibt, den er wirklich verdient, und daß man ihm den Lohn nicht auf allerlei Umwegen und Schleichwegen wieder aus der Tasche zieht und dafür Dinge tut, die den Arbeiter gar nicht interessieren.«[11]

1926 bereist Traven den mexikanischen Bundesstaat Chiapas und beschreibt ihn als »ein Land, wo man alle Dinge und alle Weisheiten der Welt ergründen kann«[12]. Wenn es auch »durchweg ein Buch über Mexiko bleibt, so greift es doch über in alle Fragen, die heute den Menschen bewegen, insbesondere greift es über in die wirtschaftlichen und politischen Probleme, denen heute die gesamte Arbeiterschaft der Erde sich gegenübergestellt sieht«[13]. Traven betont, daß dieser Bericht »aus der Gefühlswelt des modernen Proletariers heraus erfaßt und geschrieben wurde«[14]. Er träumt von einer »Föderation der Indianischen Völkerschaften Amerikas«[15], deren Herzstück die Republik Mexiko sein sollte. Diese Gesellschaft stellt Traven sich kommunistisch vor. Jedoch »mit europäischem Bolschewismus wird sie keine Berührungspunkte haben«[16]. »Bolschewistische Uniformierung«[17] verwirft der Autor. »Der indianische Kommunismus«, meint er, »läßt sich durch keine europäische oder asiatische Lehre erfassen«[18]. Traven empfiehlt den »doktrinären« Kommunisten[19], »einmal ernsthaft damit zu beginnen, ihre dogmatischen Lehren in die Kerichttonne zu werfen«[20]. Er bezweifelt, daß »der Bolschewismus eine eigene Zivilisation und eine eigene Kultur schaffen oder die heutige auch nur höher entwickeln kann«[21].

Travens Vergleich der beiden Systeme fällt nicht zu Gunsten der Sowjetordnung aus: »Wenn Kommunismus das Leben des einzelnen und das Leben aller nicht schöner, reicher, lebenswerter, bequemer, erträglicher, gefahrloser machen kann, als heute das Leben eines gutbezahlten großstädtischen Industriearbeiters ist, dann ist der Kapitalismus trotz aller seiner Sünden dem Kommunismus auf alle Fälle vorzuziehen.«[22]

In der Erzählung »Die Brücke im Dschungel« (1929) tauchen Kommunisten als Wanderlehrer auf, als Volkserzieher, die den Indios Lesen und Schreiben beibringen.[23] Als Kommunisten werden zudem ›Agraristas‹ bezeichnet, Leute, die in Mexiko »das alte indianische Gemeinde-Landrecht wieder einführen wollen«[24]. Mit Sendboten des Exekutiv-Komitees der Komintern, mit der Verwirklichung von Beschlüssen, gefaßt im Moskauer »Hauptquartier der Weltrevolution«, hat all das nichts zu tun.

In seinem Roman »Die weiße Rose« (1929) gestaltet Traven den Zusammenstoß einer noch gentilgesellschaftlich verfaßten Indiogemeinde mit der kalifornischen Condor Oil Company. Der notwendige, wenn auch erschütternde Untergang der Hacienda »La Rosa Blanca« in diesem ungleichen Kampf versperrt Traven – trotz aller Hingezogenheit zum einfachen Leben der schlichten Indios – weder den Blick für die Entfaltung der Technik noch den für die Fragwürdigkeit sozialistischer Erwartungen. Traven meint, daß dieses kapitalistische »System mit den Mitteln, die Sozialisten und Bolschewisten empfehlen, wohl schwerlich, wenn überhaupt, gestürzt werden kann«[25].

Präsident Plutarco Elías Calles (1924–1929) sichert 1929 nordamerikanischen Gesellschaften unbefristet die Ausbeutung mexikanischer Ölquellen zu. Er bremst die Bodenverteilung an landlose und landarme Bauern und macht Zugeständnisse an die konservativen katholischen Bischöfe. Der Kirchenkampf bringt Mexiko Ende der zwanziger Jahre an den Rand eines Bürgerkriegs. ›Cisteros‹ und ›Agraristas‹ liefern sich blutige Fehden. Die Arbeitslosigkeit während der Weltwirtschaftskrise steigt in Lateinamerika auf über siebzig Prozent.

In dieser Zeit wendet sich Traven einem neuen Stoff zu, der mexikanischen Revolution von 1910, einer Revolution, von der er den Gouverneur des Bundesstaates Vera Cruz in der »Weißen Rose« sagen läßt, sie sei noch unvollendet.[26] Traven möchte Ursachen und Lehren dieses Freiheitskampfes, der für ihn »die interessanteste Revolution« ist, »die sich je zugetragen hat«[27], seinen deutschen Lesern vermitteln. In einem Einführungsaufsatz zum Roman »Regierung«, dem zweiten Band des Caoba-Zyklus, erklärt Traven: »Regierung ist überall gleich, ist immer Unterdrückung eines Teils des Volkes zugunsten eines anderen Teiles desselben Volkes. Was die Menschen brauchen, ist Organisation und Verwaltung. Was die Menschen nicht brauchen und darum beseitigen müssen, ist Regierung.«[28]

Die urwüchsige indianische Selbstverwaltung, auch wenn sie gelegentlich verklärt wird, dient Traven gleichfalls dazu, ein Gegenbild zu ideologisch verfestigten Parteiordnungen zu entwerfen. Indios benötigen »keine kommunistischen und sozialistischen Parteiprogramme«[29]. Spott nur erntet »das alleinseligmachende Programm (...), das so schön auf dem Papier leuchtet«[30].

Jahrzehnte, bevor das ›Rotationsprinzip‹ in den Streitgesprächen nach dem XX. Parteitag der KPdSU (1956) die Gemüter in der kommunistischen Bewegung erhitzt, rät Traven den Arbeitern, »jene gut ausgeprobten indianischen Wahlmethoden anzuwenden«[31], zu deren Einsetzungsritual es gehört, daß der Erkorene sich so lange auf ein Gefäß mit glühenden Holzkohlen zu setzen hat, daß »genug Narben auf jenem abgelegenen Körperteil« zurückbleiben, »daß er nicht nur bis in sein höchstes Alter hinein durch ein unverwüstliches Dokument beweisen kann, einmal die Ehre gehabt zu haben, Häuptling in seiner Nation gewesen zu sein, sondern auch, daß er nicht daran denkt, sich gegen die Sitten seines Volkes ein zweites Mal zu diesem Amt wählen zu lassen.«[32]

Traven scheut sich nicht, offen auszusprechen, wen er dabei vor allem im Auge hat. »Nicht nur in Rußland, wo es am nötigsten ist, sondern auch in allen übrigen europäischen Ländern, wo Marx und Lenin zu Säulenheiligen erklärt werden, könnten kämpfende Proletarier bei weitem sicherer ihnen nützliche Erfolge erzielen, wenn sie ihren Führern jährlich ein heftiges Feuer unter den Hintern legen würden. Kein Führer ist unersetzbar. Und je häufiger neue Führer auf einen glühenden Sessel gesetzt werden, umso lebendiger bleibt die Bewegung. Nur nicht zaghaft sein, Proletarier. Erst recht nicht sentimental.«[33] Es ist die Zeit, in der Stalin seine Widersacher umbringen läßt und seine Alleinherrschaft befestigt – die Zeit, in der das demokratische Erbe in der kommunistischen Bewegung erstickt wird.

Mit dem Sieg Hitlers 1933 wendet sich Traven sowohl gegen den Faschismus in Deutschland als auch gegen die Moskauer Despotie. Der dritte Band des Caoba-Zyklus, der Roman »Der Marsch ins Reich der Caoba« (1933), trägt den Untertitel »Ein Kriegsmarsch«. »Faschistische und kommunistische Diktaturen könnten nicht existieren, wenn nicht ein Teil der Menschen den wollüstigen Trieb hätte, die übrigen Menschen zu tyrannisieren, zu quälen und ihnen Ideen und Doktrinen mit Gewalt in die Köpfe zu hämmern.«[34] Von geradezu beklemmender Hellsichtigkeit zeugt Travens Warnung: »Diktaturen enden immer im Chaos. Und das Chaos ist umso größer, je länger eine Diktatur gedauert hat. Aber jeder Diktator glaubt, daß seine Diktatur eine Ausnahme machen werde. Und ob eine Diktatur der Menschheit ein neues System aufzwingen will oder ob eine Diktatur ein altes und vermoderndes System auffrischt, neu vergoldet und in neuer Umrahmung den Menschen aufkommandiert, macht keinen Unterschied aus.«[35] In dem drei Jahre später erschienenen Roman »Die Troza« spricht Traven knapp und bündig vom Proletarier, »der in keiner Revolution je befreit wird«[36].

In den Zeiten der »Großen Säuberung«, in denen Stalin jede Opposition, auch jede mögliche, nicht nur mundtot macht, sondern bedenkenlos vernichtet, schreibt Traven in der »Rebellion der Gehenkten« (1936) allen Diktatoren ins Stammbuch: »Eine jede Diktatur, mag sie auch noch so begeistert und zustimmend von Hunderttausenden begonnen worden sein, artet immer aus in Haß, der geboren und aufgezüchtet wurde durch Unduldsamkeit gegen einen Teil des Volkes, und der zur Unversöhnlichkeit führt, weil er noch und noch jegliches gegenseitige Verstehen ausschließt. Denn eine Diktatur kann nur bestehen, wenn sie keine Kritik, kein gegenseitiges Aussprechen der Gedanken zuläßt.«[37]

Im Schlußband des Caoba-Zyklus, in dem Roman »Ein General kommt aus dem Dschungel«, dessen Erstfassung 1937 vorliegt, bekräftigt Traven seine Einsicht, »daß eine Revolution allein ein System nicht ändert, sondern daß sie nur den Besitz vertauscht, daß nur die Namen der Besitzer sich ändern, und daß die Nation oder der Staat in seiner Eigenschaft als Kapitalist brutaler, rücksichtsloser und tyrannischer sein mag, als die früheren Herren je waren«[38].

Die siegreichen Aufrührer wollen nicht die alten Führer durch neue, vielleicht etwas mildere auswechseln. Der Autor wählt deshalb eine utopische Lösung der gesellschaftlichen Konflikte: Eine Insel der Brüderlichkeit, ›Solipaz‹, auf der die inzwischen selbstbewußter gewordenen Indios in

Frieden ihre Felder bebauen, Vieh züchten und wo ihre Kinder eine Schule besuchen können. Traven erliegt keinerlei Selbsttäuschungen über die mexikanische Revolution, die zwar 1911 den Diktator Porfirio Díaz nach 34 Amtsjahren verjagt, in der das Volk aber von sich gegenseitig befehdenden Generalen in neue Abhängigkeiten gepreßt wird: »Die Peones, seit Jahrhunderten an Herren, Tyrannen, Unterdrücker und Diktatoren gewöhnt, wurden in Wahrheit durch die Revolution nicht befreit, selbst dort nicht, wo die Feudalherrschaften unter den Familien der Peones in kleine Gütchen, in ejidos, aufgeteilt wurden. Sie blieben Sklaven, mit dem einzigen Unterschiede, daß die Herren gewechselt hatten, daß gerissene Revolutionsführer nun die Reichen wurden.«[39]

Die scheinbare Verwerfung des Aufstandes hebt den Kampf um Unabhängigkeit, Gerechtigkeit und Freiheit, die Sehnsucht nach einer Welt, in der »Sonne und Frieden« erkämpft sind, nicht auf. Traven besteht darauf, der Kampf der Unterdrückten ist nach vorne offen: »Rebellionen müssen sein, wenn die Welt vorankommen soll. Ein See, der kein fließendes Wasser hat oder nicht zuweilen heftig von Stürmen aufgerüttelt wird, fängt zu stinken an und versumpft endlich.«[40] Im Caoba-Zyklus werden nicht nur Voraussetzungen und Verlauf, sondern auch die gesellschaftliche Notwendigkeit einer Revolution sowie der Sieg des geknechteten Volkes gestaltet. ›Libertad‹ verdichtet sich für die Aufständischen »zum schlichten klaren Wunsche, einfach in Ruhe gelassen zu werden von allem, was sich Regierung nannte, Staatswohl, Vaterlandsliebe, Produktionssteigerung«[41]. Freiheit ist für Traven und seine literarischen Helden nicht ein fernes Ziel, sondern unabdingbarer Teil des Kampfes von Beginn an.

Traven gewinnt auch seinem Gastland gegenüber eine immer kritischere Haltung. Als 1938 unter der Präsidentschaft von Lázaro Cárdenas (1934 bis 1940) die Ölfelder verstaatlicht werden, schreibt Traven am 29. April 1938 an Josef Wieder nach Zürich: »Ich persoenlich habe mich bis jetzt nicht davon ueberzeugen koennen, dass es sich bei dieser Enteignung der Oil Companies um eine Handlung im Sinne des Socialismus oder Communismus handelt. Ich vermute, es handelt sich um ein gewaltiges Manoever ganz anderer Art und dass diese Handlung einen socialistischen Anstrich erhalten hat, lediglich um die Arbeiter hier zu verkleistern. Die Arbeiter in den Oil Feldern erhalten heute nur die Haelfte ihres Lohnes gegenüber (dem,) was sie frueher erhielten, und es wird ihnen gesagt, dass sie im Interesse des Volkswohles dieses Opfer fuer eine Zeit bringen muessten. Es klingt für mich ganz wie *Butter fuer Canonen* des Goebbels.«

Der Zweite Weltkrieg, der Krieg in Korea, der Hader zwischen den Großmächten liegen zwischen dem Roman »Ein General kommt aus dem Dschungel« (1940) und Travens letztem Roman »Aslan Norval« (1960). Der Autor erzählt die Geschichte einer dollarschweren »amerikanischen Erbschaftsprinzessin«[42], die ihren Jugendtraum verwirklichen möchte, nämlich eine Wasserstraße oder eine sechsgleisige Schiffsbeförderungsbahn von Texas nach Kalifornien zu bauen. Travens Buch ist, trotz aller erzählerischen

Schwächen, ein großangelegter Zukunftsentwurf. Aslan Norvals ›Atlantic-Pacific Transit Corporation‹ dient dem Verfasser dazu, den kräfteverschlingenden Rüstungswettlauf, das Wettrennen um die Zerstörung der Menschheit, anzuprangern: »Anstatt neue Schulen, neue Hospitäler, billige Wohnhäuser, neue Eisenbahnen, neue Elektrizitätswerke und Bewässerungsanlagen zu schaffen und der bitteren Armut von Millionen von Menschen in den wenig entwickelten Ländern ein Ende zu bereiten, wurden in jedem Monat zweitausend neue Wasserstoffbomben fabriziert, zugleich zehn Dutzend Raketengeschosse, von denen jedes einzelne neuntausend Meilen in sechs und einer halben Minute überbrückte und eine Million Menschen in einer halben Sekunde in Asche verwandeln konnte.«[43] Traven verurteilt diese »Verhältnisse nicht nur bei der einen der beiden Großmächte, sondern genauso bei der Konkurrenzmacht«[44].

Aslan Norval spinnt Möglichkeiten Chruschtschowscher Entspannungspolitik gedanklich weiter und nimmt denkbare Ergebnisse der Abrüstungspolitik der zweiten Hälfte der achtziger Jahre gleichsam vorweg, wenn sie ihr Vorhaben erläutert: »Die Industriegewaltigen riechen, daß es mit den schweren Armeelieferungen vorüber ist, sollten sich Rußland und dieses Land verständigen, was, wie sich die Dinge entwickelt haben, über Nacht geschehen kann. Die Armee frißt und frißt, aber sie ist völlig unproduktiv, während, sagen wir, unser Bahnprojekt produktiv ist und Gewinne abzuwerfen verspricht, die letzten Endes um nichts geringer sein werden als die Gewinne der unproduktiven Kriegsindustrie.«[45] Bei allen Vorbehalten gegenüber dem Westen, vor allem gegenüber den USA, nimmt Traven von seiner Kritik am Sowjetsystem am Ende seines Lebens nichts Grundsätzliches zurück. Er spricht von »der im Kern durchaus gesunden Ideologie und Kultur der Völker des Westens«[46].

1967, zwei Jahre vor seinem Tod, drei Jahre, nachdem Breschnew Chruschtschow gestürzt und die Macht übernommen hat, besucht Judy Stone, Journalistin aus San Francisco, Traven in seinem Haus in der Calle Río Mississippi 61 in Mexico-City. Ihre Fragen nach seinem Lebensgang wehrt er – wie stets – ab und fordert sie auf, statt dessen über das Werk zu schreiben: »Forget the man! (...) Write about his works. Write how he is against anything which is forced upon human beings, including communism or Bolshevism.«[47] In einem späteren Gespräch fügt er hinzu: »Let the people decide we want this or we want that. Not like the way Bolshevism was forced upon the Russians. (...) What is communism good for if you are slapped on the mouth like those two writers (Sinjavsky and Daniel)? Russia is going to the dogs. No, going to the dogs is too honest. What is communism good for if it also had anti-Semitism like the Nazis?«[48]

Ret Marut/B. Traven gehört zu den Schriftstellern, die aus ihrer Feindschaft gegenüber den Mächten und Mächtigen, die den Völkerbrand von 1914 entfachten, sich im Oktober 1917 auf die Seite der russischen Kommunisten stellen. Dieses Gefühl der Blutsbrüderschaft mit den Umstürzlern in Petrograd, das Bewußtsein, Schulter an Schulter Krieg,

Unterdrückung und Ausbeutung zu bekämpfen, eine Gesinnung, der Traven zeitlebens treu bleibt, ist aber nicht aus gemeinsamer weltanschaulicher Wurzel mit den Bolschewiki gewachsen. Bereits als der Münchner Räterepublikaner Marut das Doppelgesicht Lenins erkannte, zog er öffentlich einen Trennungsstrich zu dessen Lehren und Handlungen. Zwischen Stalins Gewaltherrschaft und Travens Vorstellungen von der Selbstververwirklichung des Menschen gibt es keine Brücke.

In keinem seiner Werke verklärt Traven die Sowjetunion. Er entdeckt im Wirken von Lenins Jüngern auch nie Züge, die ihn ein gläubiges Verhältnis zur »Arbeiter-und-Bauer-Macht« finden lassen. Im Gegenteil, die Breschnewherrschaft verstärkt seine Zweifel am Sowjetsystem beträchtlich. Unwandelbar aber bleibt Travens Vertrauen in eine menschenwürdige Zukunft. Sein Werk wird nicht zuletzt gespeist aus seiner ungebrochenen Überzeugung, ohne Zugeständnisse für ein friedvolles Miteinander, für ein auf freier Selbstbestimmung ruhendes Gemeinwesen streiten zu wollen.

1 »Der Ziegelbrenner«, München, Heft 5/6/7/8, 9. November 1918, S. 113. – 2 Ebd., Heft 15, 30. Januar 1919, S. 10. – 3 Ebd., Heft 16/17, 10. März 1919, S. 19. – 4 Ebd., Heft 18/19, 3. Dezember 1919, S. 10/11. – 5 B. Traven: »Das Totenschiff«, Berlin 1926, S. 86. – 6 Vgl. Anmerkung 4, S. 5. – 7 »Der Ziegelbrenner«, Heft 35/40, 21. Dezember 1921, S. 14. – 8 Ebd., Heft 23/24/25, 20. März 1920, S. 34. – 9 Vgl. B. Traven: »Der Wobbly«, Berlin 1926, S. 64. – 10 Siehe Anmerkung 5, S. 140. – 11 B. Traven: »Der Schatz der Sierra Madre«, Berlin 1927, S. 160. – 12 B. Traven: »Das Land des Frühlings«, Berlin 1928, S. 429. – 13 B. Traven an Ernst Preczang am 5. März 1927. – 14 Ebd. – 15 Siehe Anmerkung 12, S. 222. – 16 Ebd. – 17 Ebd., S. 200. – 18 Ebd., S. 214. – 19 Ebd., S. 416. – 20 Ebd., S. 256. – 21 Ebd., S. 217. – 22 Ebd., S. 255. – 23 Vgl. B. Traven: »Die Brücke im Dschungel«, Berlin 1929, S. 178. – 24 Ebd., S. 142. – 25 B. Traven: »Die weiße Rose«, Berlin 1929, S. 109. – 26 Vgl. ebd., S. 175. – 27 B. Traven an Johannes Schönherr am 24. November 1927. – 28 B. Traven: »Der Roman ›Regierung‹«, in: »Die Büchergilde«, Berlin, 9/1931, S. 259. – 29 B. Traven: »Regierung«, Berlin 1931, S. 15. – 30 Ebd., S. 159. – 31 Ebd., S. 172. – 32 Ebd. – 33 Ebd. – 34 B. Traven: »Der Marsch ins Reich der Caoba«, Zürich 1933, S. 106. – 35 Ebd., S. 183. – 36 B. Traven: »Die Troza«, Zürich 1936, S. 249. – 37 B. Traven: »Die Rebellion der Gehenkten«, Zürich 1936, S. 222. – 38 B. Traven: »Ein General kommt aus dem Dschungel«, Amsterdam 1940, S. 32. – 39 Ebd., S. 93. – 40 Ebd., S. 225. – 41 Ebd., S. 13. – 42 B. Traven: »Aslan Norval«, München 1960, S. 168. – 43 Ebd., S. 367. – 44 Ebd., S. 368. – 45 Ebd., S. 332. – 46 Ebd., S. 369. – 47 Judy Stone: »The Mystery of B. Traven«, Los Altos, California 1977, S. 47; vgl. a. B. Traven: »Aus dem Land des Frühlings. Auszüge, Aufsätze, Auskünfte«, hg. von H.D. Tschörtner, Berlin (DDR) 1968, S. 440. – 48 Judy Stone, a.a.O., S. 52/53; diese Stelle gibt Herausgeber H.D. Tschörtner nur verkürzt wieder; vgl. Tschörtner, a.a.O., S. 441.

Christine Hohnschopp

Der »Eigene« im Prokrustesbett des Marxismus

Über die Traven-Rezeption in der DDR

B. Traven und die DDR – schon diese Verbindung löst eine Reihe von Fragen aus. Wie behandeln im ›Arbeiterstaat‹ Literaturwissenschaftler und Rezensenten den vielgelesenen Autor der Weimarer Republik, dessen Beliebtheit in der Arbeiterbewegung nicht zuletzt auf seine parteiungebundene anarchistische Weltanschauung zurückgeführt wird? Versuchen sie Traven ideologisch zu vereinnahmen oder schleudern sie den Bannstrahl gegen ihn?[1] Auch: kann ein Autor ›domestiziert‹ werden, der die Ländergrenzen, die Bürokratie, das Paßwesen, ja jeglichen Staat heftig attackierte – in einem Staatsgebilde, in dem schon die Forderung nach freier Reise und Meinungsbildung zum Delikt gerät?

Auf den ersten Blick scheint die DDR sich um die Wieder-Bekanntmachung des Werks von B. Traven besonders verdient gemacht zu haben. Schon 1954 erscheinen vier Romane[2], 1955 entbrennt eine Diskussion um den Schriftsteller in der Wochenzeitung »Der Sonntag«[3], und 1966 legt Rolf Recknagel erstmals einer breiteren Öffentlichkeit seine heute zum Standardwerk gewordene Untersuchung über die Person B. Travens vor[4].

Andererseits wagte man es erst 1964, eine ungekürzte Werkausgabe zu edieren, in der auch der bisher dem Publikum verschwiegene Band »Regierung« enthalten war. Die vorher erschienenen Bände waren wesentlich gekürzt. (Wen wundert es freilich, daß Reflexionen wie diese aus einer »Totenschiff«-Ausgabe von 1957 herausbleiben mußten: »Das Traurige, das Beklagenswerte, aber echt Menschliche ist, daß diejenigen, die gestern noch selber die Verfolgten waren, heute die *bestialischsten* Verfolger sind. *Und unter den bestialischen Verfolgern sind heute auch schon die Kommunisten.«*[5]

Diente die Diskussion im »Sonntag« noch dem Ausloten eines Urteils über B. Traven (und der Entscheidung über die weitere Veröffentlichungspraxis), so kam Recknagels Untersuchung (möglicherweise ganz gegen seine Intention) den kulturpolitischen Funktionären in zweierlei Hinsicht zupaß: Recknagels Schwerpunkt auf der Biographie erlaubte es, Travens Anarchismus an dessen individuellen Werdegang zu binden und ihn damit zu entschärfen; außerdem wurde einer weiterführenden Diskussion um brisantere Fragestellungen als eben die, wo genau Traven denn nun geboren sei, ein Schlußpunkt gesetzt.

Alle Stellungnahmen zeichneten sich im übrigen dadurch aus, daß die ›individualistischen‹ Positionen Travens an der Elle der großen Revolution und ›geschichtlicher Gesetzmäßigkeiten‹ gemessen wurden. Da kam man dann zu solchen Einschätzungen wie dieser von Peter Lübbe: »Die Erkenntnisse des revolutionären Marxismus bleiben B. Traven zeitlebens verschlossen.«[6]

Lübbes Dissertation über »Das Revolutionserlebnis bei B. Traven« ist ein Beispiel für das Funktionieren jenes »ersten Zensors«[7]: der Selbstzensur der Autoren in der DDR. Das Tabu gilt hier dem Anarchisten Max Stirner, dessen Spuren im gesamten Werk B. Travens zu finden sind und von denen Lübbe durchaus Kenntnis genommen hatte.[8] Recknagel wiederum reduzierte die starke Adaption Stirnerscher Positionen auf Travens persönlichen Wunsch nach Anonymität: »Die Anonymität versucht Marut/Traven durch das Ideengut des individualistischen Anarchisten Max Stirner (...) zu rechtfertigen.«[9]

Gegenüber dem abwertenden Urteil über Stirner, das seit Marx/Engels' polemischer Schrift »Sankt Max« in der »Deutschen Ideologie« die kommunistische Sichtweise bestimmt, haben verschiedene Untersuchungen in jüngster Zeit Stirner wieder rehabilitiert und dessen Bedeutung für das gesamte Werk von Marut/Traven hervorgehoben.[10] Das Stirnersche Individuum, das sich auf sich selbst besinnt, sich absolut setzt und jede höhere Autorität ablehnt, ist das eine Motiv, das sich durch sämtliche Äußerungen Marut/Travens zieht. Aber es kommt ein zweites hinzu, das von dem Verlangen Travens nach einer harmonisch zusammenlebenden Gemeinschaft Gleichgesinnter genährt wird: die Assoziation, der Stirnersche »Verein«, der den vergänglichen Interessen ihrer Schöpfer unterliegt, Marut/Travens Vorstellung von einem Elementarkommunismus, die auch von Gustav Landauer beeinflußt wurde.[11]

Es zeigt sich also als notwendig, die Exempel ›marxistischer‹ Interpretation mit den ganz anders akzentuierten (und teilweise erst aufgrund der Kenntnis Stirners und Landauers besser verständlichen) Gedanken Travens zu konfrontieren.

In Frage zu stellen wäre zunächst das Phasenmodell als wesentlicher Bestandteil der Traven-Rezeption in der DDR. Während noch »Das Totenschiff« dem »enttäuschten Revolutionär« zugeschrieben wird, sei das »Erlebnis der Solidarität« in Mexiko kennzeichnend für Travens Produktion bis hin zur »Gestaltung revolutionärer Massenbewegung« im Caoba-Zyklus.[12] Dabei wird Traven immerhin ein Durchbruch zum »Realisten« bescheinigt, der sich gegen die »anarchistische Willkür«[13] des »Ideologen«[14] durchgesetzt habe. Demgegenüber möchte ich die Kontinuität im Gedankengut Travens an wichtigen Aspekten des »Totenschiffs« und des Caoba-Zyklus' aufzeigen.

Die Mißverständnisse und Fehldeutungen des »Totenschiffs« durch kommunistische Journalisten der dreißiger Jahre[15] setzten sich in der DDR fort. Gemeinsam sind allen einschlägigen Interpretationen zwei Argumentationsstränge, die in Varianten die alten Vorwürfe der KPD-Presse wiederholen. Die »fatalistische Haltung«[16] wird Traven zum Vorwurf gemacht (auch wenn Lübbe den Versuch unternimmt, einzelne Elemente

51

des Romans für den marxistischen Hausgebrauch zu retten). Es bleibt den Rezensenten völlig unverständlich, warum Traven »seit dem Beginn der Großen Sozialistischen Oktoberrevolution« die »Richtigkeit der Marxschen Lehre« nicht »zur Kenntnis« genommen habe.[17] Dem Vorwurf der Absonderung vom Proletariat korrespondiert eine Abwehrhaltung gegenüber der Kritik Travens an autoritären Strukturen. Gemeint sind hier alle Passagen, die sich mit dem Staat, den Kommunisten und der Sowjetunion polemisch auseinandersetzen, aber auch solche, die – und das ist Traven ganz wichtig – *Kritik an der Verinnerlichung von herrschaftsstabilisierenden Strukturen und Ideologien im Bewußtsein von Arbeitern* beinhalten.

Gerade diese Strukturen werden im »Totenschiff« auf eine höchst effektive Weise ›entlarvt‹. Auf der formalen Ebene treibt Traven die Logik des bürgerlichen Systems und seiner Ideologien bis zu ihren absurden Konsequenzen, um dem Leser jegliche Illusion zu nehmen (etwa in dem Sinn, für die Zukunft zu sparen, um nur ein Beispiel zu nennen[18]); ein anderes Mittel, dem Leser Spielraum für eigenständiges Denken zu geben, ist die Inkongruenz des Ich-Erzählers Gale (naiver Seemann *und* kritischer Kommentator): Das kohärente Ich ist hier, wie bei Max Stirner, aufgelöst zugunsten eines produktiven Kommunikations- und Lernprozesses.[19] Diese aufklärerische Intention Travens wurde nun signifikanterweise von einem der DDR-Rezensenten lediglich als eine Sache der Form angesehen und zur »Sprunghaftigkeit (...) und Unterbrechung der Erzählung durch apodiktisch vorgebrachte Lehrmeinungen«[20] abgewertet.

Die Beschreibung herrschaftserhaltender Anpassungsmechanismen soll ›desillusionierend‹ wirken, wie überhaupt Traven die Desillusionierung von politischen Hoffnungen – etwa in die KP, die SU bis hin zur Arbeiterklasse und zum Individuum – vorantreibt: ›Rußland‹ stellt als Staat für Traven keine Ausnahme in der Ausübung der Macht und der Freiheitsbeschränkung des Einzelnen dar.[21] Travens Polemik gegen den Staat ist von den Freiheitsvorstellungen Stirners geprägt[22]: »Staat, Religion, Gewissen, diese Zwingherren machen Mich zum Sklaven, und *ihre* Freiheit ist *Meine* Sklaverei.«[23] Der Staat wird, vorrangig vor dem Kapitalismus, angegriffen; Traven ist die persönliche Handlungs- und Entscheidungsfreiheit zunächst wichtiger als die materielle Umverteilung zugunsten der Besitzlosen. Dogmatischen Parteipublizisten stieß diese Verschiebung der Gewichte auf, weil sie von völlig anderen Axiomen ausgehen und ihnen Travens Haltung im Kampf gegen die bürgerliche Gesellschaft unbrauchbar vorkam: »Zum Grundübel wird der ›Tyrann Staat‹. (...) Der Staat wird damit gleichsam zum Schöpfer des Kapitalismus.«[24] Ein wichtiges Plädoyer Travens gegen die ›Verwaltung‹ des Menschen, das eine der Grundaussagen des »Totenschiffs« ist, mußte ihnen damit unverständlich bleiben.

Auch im Caoba-Zyklus wird, besonders in »Regierung«, das für das Individuum und die Gemeinschaft verhängnisvolle Wirken des Staates gezeigt. »Das Individuum hat keine Rechte, wenn der Staat Geschäfte machen will.«[25] Diese Aussage ist sowohl allgemein als auch als Wiedergabe der mexikanischen Realität um 1910/11 zu verstehen, in der sich der Staat, da eine eigentliche Bourgeoisie nicht existierte, tatsächlich als hegemoniale Kraft herausbildete.

»Regierung« glaubte man in der DDR erst herausgeben zu können, nachdem Sellhorn in einem kommentierenden Nachwort erklärt hatte, welche von Travens Positionen akzeptabel seien und welche nicht: »So treffend seine Polemik gegen Staat und Staatsgewalt in jedem von ihm geschilderten historisch-konkreten Fall ist – verabsolutiert, losgelöst von der konkreten Situation, verwandelt sie sich in richtungslosen Anarchismus. In seinem Haß gegen den Kapitalismus und gegen jegliche Unterdrückung schlägt Traven blind um sich, erkennt er nicht mehr, wo seine Freunde sind. Seine völlige Unkenntnis des Sozialismus-Kommunismus und sein Anarchismus, der rein destruktiven Charakter trägt (!), verleiten ihn zu Äußerungen, die den Protest des Lesers hervorrufen.«[26] – Ich zitiere deshalb so ausführlich, weil wir hier gleich verschiedene typische Vorgehensweisen nebeneinander stehen haben: den Versuch der ›Vereinnahmung‹ *und* die ›Abwehr‹ von allgemeingültigen Aussagen[27] Travens, die ja auch das befürwortete sowjetische System treffen konnten, oft verbunden mit *diffamierenden* bzw. den Leser *fehlleitenden Urteilen* über den Anarchismus.

Im »Totenschiff« werden auch jene mit Kritik bedacht, die die Ausübung der Staatsmacht durch ihr Wohlverhalten überhaupt erst ermöglichen, und hier ist gerade auch an die Arbeiter(-Klasse) gedacht. Traven dekuvriert sozialpsychologische Mechanismen, die zugunsten der Fortexistenz der sozialen Misere wirken. Er zeigt am Beispiel der Totenschiff-Mannschaft (wie später in den Caoba-Romanen), daß der soziale Abstieg schneller möglich ist, als mancher denkt[28]; auch Arbeiter versuchen deshalb, ihn durch die Übernahme der hierarchischen gesellschaftlichen Strukturen in ihre eigenen Reihen zu bannen.[29] Sie praktizieren zudem etliche Anpassungstechniken an die herrschenden Verhältnisse, von denen Traven besonders die Fähigkeit zur Gewöhnung an das Elend und die Hoffnung auf bessere Zeiten kritisiert. Solche Bewußtseinsstrukturen lassen laut Traven den Menschen, im Gegensatz zum Tier, zum Sklaven seiner selbst werden.

Diese doch realistische Einschätzung paßt nicht in das idealisierte Bild von der Arbeiterklasse, an dem schon Marx und Engels gegenüber Stirner festhalten wollten.[30] Mußte damals bereits das ›Kleinbürgersyndrom‹ für real auftretende Differenzen und Differenzierungen in der Arbeiterbewegung herhalten[31], so dient es heute noch der DDR-Germanistik zur Rettung des revolutionären Subjekts in der Geschichte. Victor Weimer etwa moniert, daß Traven nicht erläutere, wer die Arbeiter zu solch unsolidarischem Verhalten »verleitet oder gar korrumpiert hat«[32], und auch Lübbe spricht vom »*künstlich* gezüchteten Zwiespalt unter den Arbeitern«, engt andererseits aber Travens Position auf eine »syndikalistische Kritik an der reformistischen Arbeiterbewegung« bzw. als seine Auseinandersetzung mit Verhaltensweisen von Deklassierten oder auch der Spaltungspolitik der American Federation of Labor ein[33].

In Wahrheit bezieht sich Traven immer wieder auf Stirners Kritik an der *Selbstverleugnung von Menschen zugunsten einer idealisierten Zukunft*, die an die Stelle des christlichen Jenseits getreten ist: »Was wäre das Ideal wohl anders, als das gesuchte, stets ferne Ich? (...) Man lebt in *Sehnsucht* und hat Jahrtausende in ihr, hat in *Hoffnung* gelebt. Ganz anders lebt es sich im – *Genuß*!«[34]

Traven zog daraus eine ihm wichtige Schlußfolgerung: Um die Menschen für die Unerträglichkeit ihrer Situation sensibel zu machen, muß man sie mit den Grenzen ihrer Existenz, mit dem Tod konfrontieren. Die häufige Darstellung des Todes (man denke nur an »Die Brücke im Dschungel«!) soll eine intensivere Erfahrung des Lebens ermöglichen.[35] Seine Verdrängung und Tabuisierung erfüllt sozialquietive Funktionen. Nicht zufällig sind es die ›Toten‹, »die lebendiger sind als Lebende«[36], die die Fähigkeit zur Änderung, ja Rebellion erwerben, eben weil sie als unterstes Ende des Systems nicht nur jeglicher materieller Werte, sondern auch aller Illusionen verlustig gegangen sind. Wer nun den Wert dieser Erfahrung nicht erkennen kann (oder will), kritisiert vorschnell Travens »passive, ja fatalistische Haltung«[37] und erklärt sie etwa aus der »gescheiterten Hoffnung in der ›alten Welt‹«[38]. »Das Totenschiff« ist aber mehr als ein »Sinnbild für das feudalkapitalistische Europa«[39]: Gale wird als ›Toter‹ zumindest frei von gesellschaftlichen Konventionen; mit den Rechten der Gesellschaft sind ihm auch deren Pflichten abhanden gekommen. Sein wachsendes Bewußtsein von seiner Sterblichkeit ermöglicht ihm Ansätze zur Gegenwehr (wie sie dann von den Protagonisten des Caoba-Zyklus' weiter vorangetrieben werden).

Ihr auf Ökonomisches verkürzter Begriff von Herrschaft führt die Traven-Interpreten in der DDR dazu, dessen Intention zu verkennen: ›die sozialpsychologischen Anpassungsmechanismen des Individuums aufzudecken‹ und einen ›Umdenkungsprozeß‹ im Proletariat einzuleiten, welcher doch »klassenbewußte Seeleute«[40], wie Lübbe sie sich wünscht, erst hervorbringt.

Auch die Caoba-Romane wurden in das allzu enge Denksystem des sogenannten wissenschaftlichen Sozialismus gezwängt, mithin unangemessen interpretiert. So wurde der Prozeß der allmählichen Radikalisierung bei den Romanfiguren nur sehr äußerlich wahrgenommen und in seiner Bedeutung unterschätzt. Traven aber war am ›inneren Wandlungsprozeß‹, der in Anlehnung an die Veränderung des Stirnerschen Menschen bis hin zum »Einzigen« verläuft, besonders gelegen. Der *»eigene Wille* meiner«[41] (Stirner), der »Wille zum Nichtgehorchen« zeigt die Grenze von »Peitschen, Gefängnisse(n) und Todesstrafen«[42] (Traven) auf, und der ›passive Widerstand‹, von Marut als geeignetes Mittel zum »Austritt aus dem Kapitalismus«[43] (Landauer) betrachtet, trifft vom Boykott der Tienda bis hin zur Gehorsamsverweigerung im Caoba-Zyklus einen Nerv des Systems.

Voraussetzung für den Aufstand ist auch hier, daß der Zustand eines ›Toten‹ in all seiner Konsequenz erfahren wird. Als die Muchachos ihren eigenen Tod in Kauf nehmen, haben sie eigentlich schon gewonnen. Ein Capataz beklagt sich denn auch: »Das ist eben das Böse hier, die wollen ja, daß ich sie erschieße, damit sie nicht mehr zu arbeiten brauchen.«[44] Dieser Prozeß ist durchaus der »Urzeugung« von Revolutionären vergleichbar, wie Gustav Landauer sie beschrieben hat[45]: Keine ›reine Lehre‹ (auch nicht die marxistische) kann durch die Erfahrung ersetzt werden, in der das Individuum sich ohne Sicherheiten und Bindungen erfährt und zum Verzweifelten wird »aus Grund und Wahn und echter Not«[46].

Aber auch der Aufstand selbst wird dort nicht differenziert analysiert, wo die Fixierung auf die ›action‹ den Blick auf die Bewußtseinsveränderungen versperrt. Es bedarf der Abrechnung des Indiomädchens Modesta mit dem Monteriabesitzer Don Felix, um die Rebellen zu »Eigenen« zu machen, weil ihnen da ›bewußt‹ wird, daß sie gleichzeitig mit mehreren Unterdrückungsstrukturen bricht. Traven gleicht das Mädchen aber nicht dem Schema revolutionärer Heroen an; er gestaltet ihre Rede nicht aus einer global-politischen, etwa marxistischen Perspektive heraus, sondern als Inkarnation *dieser* speziellen Revolte. Modestas Gerechtigkeitssinn macht das deutlich: Sie verzeiht dem Unterdrücker zunächst nur das nicht, was aus der bis dahin geübten Praxis als provokant unrecht herausfiel. (Überhaupt war ja Gerechtigkeit sowohl in der zapatistischen Erhebung ganz wie bei Traven ein zentrales Ziel.[47])

Revolutionäre sind auch hier weder Proletarier noch Peones, sondern die Deklassierten. Im Gegensatz übrigens zur geschichtlichen Realität[48] befreien sich die Waldarbeiter selbst, was die Bedeutung der Bindungslosen als revolutionäres Potential bei Traven unterstreicht. Der Begriff des Proletariats ist bei ihm weiter gefaßt, mehr vom Bewußtseinsstand her gedacht. Da sie das nicht mit berücksichtigen, kommen die Traven-Kritiker in der DDR zu verwirrenden Ergebnissen. Einerseits werden Celso und der ›General‹ zu den »typischen Vertretern des geknechteten Proletariats«[49] erklärt, andererseits heißt es, daß die armen Muchachos ohne entsprechende »Bundesgenossen« ›aufgeschmissen‹ seien. Traven habe diese Frage (nämlich die nach der eigentlichen Arbeiterbewegung) außer acht gelassen.[50] Das hat er nicht; ›Bundesgenossen‹ sind all diejenigen, denen die Revolution in den Köpfen rumort und die »Tierra y Libertad« erstreben und verteidigen. Führer haben die Rebellen nicht nötig. Da dennoch ein Consejo de guerra tagt, heißt es plötzlich, es habe sich der »Realist« Traven gegen den »Ideologen« durchgesetzt.[51] Diese Beurteilung verkennt völlig den Charakter von Travens Anarchismus, der ja nicht chaotisches Handeln propagiert. Im ganzen muß Lübbe doch bedauernd feststellen, daß es bei Traven nirgendwo die revolutionäre Partei des Proletariats gibt, »an deren Spitze der Arbeiterklasse treu ergebene Führer stehen«[52] – denn es geht dem Autor ja um den Prozeß des Umdenkens jedes Einzelnen, der sich mit »bakunistischer Theorie und zapatistischer Praxis«[53] gut vereinbaren ließ.

Besondere Probleme warf auch die Gestaltung revolutionärer Gewalt durch Traven auf. Um die problematische Episode der Artesano-Ermordung in »Die Rebellion der Gehenkten« entspann sich bereits in der Moskauer Exilzeitschrift »Das Wort« (1936/37) eine Debatte[54], deren Argumenten sich

Lübbe weitgehend angeschlossen hat.[55] Da man in jenen mestizischen Kollaborateuren die »Mittelschichten« schlechthin attackiert sah, stand recht eigentlich die Politik der Volksfront zur Diskussion, die Traven in der Tat ablehnte.[56] Bedenkt man, welche Verbrechen unter dem Deckmantel der Volksfront (u.a. im Spanischen Bürgerkrieg) begangen wurden, wird man Travens Haltung dazu mit Verständnis und Interesse kennenlernen. Und doch – jedem Leser bleibt das Unbehagen an den brutalen Reden der Muchachos. Die Kritik an der distanzlosen Schilderung entfesselter Gewalt wurde von kommunistischer Seite freilich nicht von Maximen der Humanität her, sondern auf der Linie gerade gültiger Beschlüsse zu Strategie und Taktik vorgenommen; Travens offene Worte über Aufsteiger und Opportunisten paßten nicht ins Bild. (Die Unaufrichtigkeit in der Argumentation zeigt sich daran, daß man in anderen Fällen – und zwar zur selben Zeit! –, bei den Moskauer Prozessen etwa, durchaus nicht zimperlich verfuhr.)

Als ein gewichtiges Problem stellten sich engstirnig-parteiergebener Interpretation naturgemäß Travens Ansätze zu einer Utopie dar (von einem Entwurf kann man nicht reden, da Marut/Traven eine fixierte Programmatik stets ablehnte). Der Band »Regierung« wurde dem Lesepublikum in der DDR unter anderem deswegen so lange vorenthalten, weil Traven dort rätedemokratische Strukturen von indianischen Dörfern zum Vorbild und Gegenentwurf zum ›Regierungs‹regime macht. Der Autor spart nicht mit deutlichen Bezügen:»Nicht nur in Rußland, wo es am nötigsten ist, sondern auch in allen übrigen Ländern, wo Marx und Lenin zu Säulenheiligen erklärt werden, könnten kämpfende Proletarier bei weitem sicherer ihnen nützliche Erfolge erzielen, wenn sie ihren Führern jährlich ein heftiges Feuer unter den Hintern legen würden.«[57] Während Recknagel die alljährliche Neuwahl des Häuptlings nur als alte Sitte der Tseltal-Indianer sieht[58] – und nicht als einen (auch für die DDR!) revolutionären Gedanken –, geht Lübbe über das für erstarrte bürokratische Strukturen brisante Prinzip der Rotation hinweg und ignoriert die vorgetragene Kritik an der Sowjetunion gänzlich. Das Pueblo wird als Relikt vorkapitalistischer Zeiten eingeschätzt, das gegenüber der höher entwickelten Klassengesellschaft keine Überlebenschance gehabt habe. Mit diesem Urteil bricht man auch über »Solipaz« den Stab, das neuerrichtete Dorf der Rebellen.[59] Abgesehen davon, daß heute das Pueblo eine Neubewertung erfahren hat[60] (indem man seinen Charakter als Refugium des Widerstands gegen die Verelendung und Atomisierung bäuerlicher Individuen entdeckte), werden ebenfalls wieder völlig ungeeignete Maßstäbe an Travens Konzeption angelegt. Der Vorwurf, der auch in bezug auf »Die weiße Rose« laut wurde: Traven habe das Haciendaleben, überhaupt das Leben im Pueblo idealisiert[61], ist ungerechtfertigt. In »Land des Frühlings« warnt er die Leser davor, das Dasein der Indios zu idyllisch zu sehen[62], und im gesamten Caoba-Zyklus wird immer wieder auf das strapaziöse Leben der bäuerlichen Bevölkerung hingewiesen.

Das erste aller Ideale Travens ist die persönliche Freiheit; stellvertretend für die Indianer in den freien Siedlungen bringt, in der »Rebellion der

Gehenkten«, eine ehemalige Sklavin deren Wertschätzung zum Ausdruck, als sie, auf die materiellen Vorteile ihrer früheren Abhängigkeit angesprochen, antwortet: »damals hatte ich es gewiß viel besser, aber heute bin ich viel glücklicher; denn sehen Sie, Sir, es ist das Gefühl und nicht der Magen, was die Menschen glücklich macht!«[63]

Nur so ist auch »Die weiße Rose« zu deuten: Weder geht es um den zukunftsfrohen Lobpreis des Industrialisierungsprozesses und des indianischen Proletariats[64] (Recknagel) noch um die Verdammung der Technik. Betont wird vielmehr, daß im Zuge des technischen Fortschritts viel Wertvolles verlorenging, das Traven gerade in der mexikanisch-indianischen Rasse zu finden glaubte, was ihm wiederum den Vorwurf eintrug, eine »entwicklungsfeindliche Verherrlichung der Primitivität« entwickelt zu haben.[65] Wie es zwei Seiten des bäuerlichen Lebens: die entbehrungsreiche und die selbstbestimmte, gibt, so hat auch die Zivilisation mit ihren technischen Errungenschaften mehrere Seiten. Traven wandte sich nicht prinzipiell gegen sie, sondern gegen diejenigen Verhältnisse in der Industriegesellschaft, die die vorbildhaften Züge der indianischen Kultur zerstörerisch überrollten. Er setzte sich diesem real existierenden Widerspruch aus, anstatt ihn zugunsten der einen oder anderen Seite zu kitten. Das Arbeiterdasein als Sklave der Technik ist für Traven (wie schon für Marut) ebensowenig per se anstrebenswert wie das Leben auf der indianischen Hacienda: Im »General« ist auch von Ranchos die Rede, auf denen die neuen (indianischen) Besitzer die alten Herrschaftsstrukturen wiedererstehen lassen.

Travens kritische Gedanken über die Restabilisierung der Macht wurden von Lübbe ideologisch ›widerlegt‹ – natürlich sollte da die Sowjetunion vor Travenscher Skepsis in Schutz genommen werden. Die weitergehende anarchistische Idee, daß sich erst und vor allem der Mensch im revolutionären Prozeß ändern müsse, konnte in solcher Analyse natürlich nicht auf wohlwollende Aufmerksamkeit stoßen. Die Siedlung »Solipaz« wird dementsprechend als Flucht vor der reaktionären politischen Wirklichkeit denunziert.[66] Traven habe, so lautet einhellig das Verdikt, das Fehlen einer revolutionären Organisation der Indios nicht als Mangel empfunden.[67] Abgesehen davon, daß der letzte Band in der Phase des progressiven Präsidenten Lázaro Cárdenas verfaßt wurde, hat Traven nach Auseinandersetzungen mit der Büchergilde den Schluß vor allem aus dem Motiv heraus umgeschrieben, die Wirkungskraft des Romans für den neuen Leserkreis im Ausland zu stärken.[68] »Solipaz« sollte ›Focus‹ in doppelter Weise werden: in der Romanhandlung Anfang der tiefergreifenden mexikanischen Revolution und für den Leser Anstoß zum eigenen Handeln, auch gegen den europäischen Faschismus. »Solipaz« wird zu einer Metapher, die sich jeglichem Herrschaftsanspruch entgegenstellt. »Die Tatsache, daß bei B. Traven die Rebellion, der Kampf sofort in den Neuaufbau, in die Neugestaltung des menschlichen Zusammenlebens übergeht, scheint uns für B. Travens Aufklärungsintention konstitutiv«[69], heißt es treffend in Peter Küpfers Züricher Traven-Untersuchung. Diese Komponente des Werks zu würdigen, ist der Literaturwissenschaft in der DDR wegen ihrer Unterwerfung unter die vorgeschriebenen Maximen zur ›Strategie‹ wohl nicht möglich. Trotz einiger bei manchen Autoren hervortretenden Sympathien für seine anarchistischen Gedanken können sie Traven doch nur da als ›Realisten‹ loben, wo er die Verhältnisse der Unterdrückung und den Kampf gegen sie in den ihnen vorgegebenen Begriffssystemen zeichnet – und müssen ihn überall dort zum ›Idealisten‹ degradieren, wo er mit seinen Meinungen und Dichtungen aus der kontrollierten, vorgeblich sozialistischen Marschordnung ausschert.

Abkürzungen der Titel in Klammern. – 1 So wie Alfred Antkowiak: »Traven – neu aufpoliert?«, in: »Der Sonntag«, Berlin (DDR) v. 13.3.1955 (Antkowiak), S. 8. – 2 »Der Karren«, »Der Marsch ins Reich der Caoba«, »Trozas«, »Die Baumwollpflücker«, Berlin (DDR), letzteres mit einem Nachwort von Ludwig Renn. – 3 Wolfgang Joho: »Traven – Erkenntnisse und Irrtümer«, 6.3.1955 (Joho), S. 8; Antkowiak; Lutz Joachim: »Kritik zweier Kritiken«, 20.3.1955, S. 8; Werner Rothmaler, H.D. Tschörtner u.a.: »Leserbriefe«, 10.4.1955, S. 8; Wolfgang Joho: »Traven, der Kapitalismus und der Kritiker«, 12.6.1955, S. 8; Harald Hauser: »Rebellion der Gehenkten«, 30.10.1955, S. 5; Victor Weimer: »Konsequenz und Optimismus fehlen«, 25.8.1957 (Weimer), S. 8. – 4 Rolf Recknagel: »B. Traven«, Leipzig 1966, zit. i.d. Frankfurter Lizenzausgabe von 1983 (Recknagel). – 5 B. Traven: »Das Totenschiff«, Berlin (DDR) 1957, S. 99; Kursives in dieser Ausgabe gestrichen. – 6 Peter Lübbe: »Das Revolutionserlebnis bei B. Traven«, Rostock 1965 (Lübbe), S. 289; ähnl. Weimer; H.D. Tschörtner: »B. Traven – Schöpfer der Mahagoni-Serie«, in: »Deutschunterricht« 14, Berlin/Leipzig 1961 (Tschörtner/Schöpfer), S. 586–591 u. Werner Sellhorns Nachwort zu »Regierung«, Berlin 1965 (Sellhorn/Regierung), S. 380–88. – 7 Erich Loest: »Der vierte Zensor. Vom Entstehen und Sterben eines Romans in der DDR«, Köln 1984, S. 48. – 8 Stirners Einfluß auf Ret Marut wird u.a. im Nachwort von Gerald Gale (!) zu der 1964 neu aufgelegten Erzählung »Khundar« aufgegriffen, das Lübbe kritisch untersucht hatte: S. 82 und i.d. Anm. S.V. Nr. 81. – 9 Recknagel, S. 158. – 10 Wolfgang Eßbach: »Gegenzüge. Der Materialismus des Selbst und seine Ausgrenzung aus dem Marxismus – eine Studie über die Kontroverse zwischen Max Stirner und Karl Marx«, Frankfurt/M. 1982 (Eßbach/Gegenzüge). Ders.: »Das Prinzip der namenlosen Differenz« (Eßbach/Prinzip), in: Johannes Beck/Klaus Bergmann/Heiner Boehncke (Hg.): »Das B. Traven-Buch«, Reinbek 1976, S. 362–403. Angelika Machinek: »B. Traven und Max Stirner. Der Einfluß Stirners auf das Werk von Ret Marut/B. Traven. Eine literatursoziologische Untersuchung zur Affinität ihrer Weltanschauungen«, Göttingen 1986 (Machinek). – 11 Siehe: Ret Marut: »Der Ziegelbrenner« 1917–21, Faksimile-Reprint Berlin 1976 (ZB), Heft 23–25 v. 20.3.1920, S. 1. – 12 So die Kapitelüberschriften bei Lübbe; ähnlich auch Recknagel, S. 175. – 13 Lübbe, S. 291, 267, 272; vgl. Werner Sellhorns Nachwort zu den »Erzählungen«, Berlin 1968 (Sellhorn/Erzählungen), S. 340. – 14 Lübbe, S. 271/2; Tschörtner/Schöpfer, S. 587. – 15 bi.: »Das Totenschiff«, in: »Linkskurve« (LK), Berlin 9/1931, S. 23; Adam Scharrer: »Traven und sein Erfolg«, in: LK 3/1932, S. 30. – 16 Weimer, S. 8. – 17 Ebd. – 18 Im folgenden wird, wenn nicht anders vermerkt, aus der Werkausgabe des Diogenes-Verlags Zürich 1983 zitiert: »Das Totenschiff«, S. 12/13. – 19 Auf diese Technik wies schon Peter Küpfer hin: »Aufklären und Erzählen. Das literarische Frühwerk B. Travens«, Zürich 1981 (Küpfer), S. 228–231. Max Stirner siehe: »Der Einzige und sein Eigentum« (EE), 1844, neu Stuttgart 1972, S. 199 ff. – 20 Joho, S. 8. – 21 Totenschiff, S. 74/5. – 22 Machinek, S. 174. – 23 EE, S. 117. – 24 Lübbe, S. 93. Auch: Sellhorns Nachwort zu »Die Baumwollpflücker«, Berlin (DDR) 1965 (Sellhorn/Baumwollpflücker), S. 280, und zu »Regierung«, S. 381/2. – 25 »Der Marsch ins Reich der Caoba« (Marsch), S. 159. – 26 Sellhorn/Regierung, S. 387. – 27 Einen solchen Abwehrversuch machte z.B. 1983 H.D. Tschörtner, indem er Travens Äußerungen über den Staat im Caoba-Zyklus allein an das konkrete gesellschaftliche System unter Porfirio Diaz binden wollte: H.D. Tschörtner: »B. Travens Werk in der DDR«, in: »Marginalien. Zeitschrift für Buchkunst und Bibliophilie«, Berlin, Weimar 89/1983, S. 56/57. – 28 Totenschiff, S. 249, vgl. auch das Tanzlied des Totenschiffs, S. 276. – 29 Totenschiff, S. 104 u. 246; »Die Carreta«, S. 52. – 30 Eßbach/ Prinzip, S. 380 ff. – 31 Ders./Gegenzüge, S. 205 ff. – 32 Weimar, S. 8. – 33 Lübbe, S. 100/1. – 34 EE, S. 359/60, Gesperrtes von Stirner. – 35 Vgl. Eßbach/Prinzip, S. 387 ff; A. Machinek macht auch an diesem Punkt den Einfluß Stirners auf Traven deutlich, S. 196. – 36 ZB 3 v. 16.3.1918, S. 49. – 37 Lübbe, S. 126 über »Die Brücke im Dschungel«; auch: Weimar, S. 8; Joho; Antkowiak; Rothmaler. – 38 Recknagel, S. 149. – 39 Ebd., S. 181. – 40 Lübbe, S. 96. – 41 EE, S. 214. – 42 Marsch, S. 213. – 43 ZB 35–40 v. 21.12.1921, S. 9–20; Gustav Landauer: »Was will der sozialistische Bund?«, in: »Beginnen. Aufsätze über Sozialismus«, Wetzlar 1977, S. 94/5. – 44 »Die Rebellion der Gehenkten« (Rebellion), S. 64. – 45 Gustav Landauer: »Aufruf zum Sozialismus«, Wetzlar 1976, S. 72. – 46 Ebd., S. 154, vgl. S. 72 u. 117; siehe auch Recknagel, S. 187. – 47 Rebellion, S. 315; »Ein General kommt aus dem Dschungel« (General), S. 7, 129 ff., 152. – 48 H.W. Tobler geht davon aus, daß die Revolution erst ab 1914 von außen die traditionellen Sozialstrukturen aufbrach: »Die mexikanische Revolution«, Frankfurt/M. 1984, S. 237 u. 257, Anm. 121; vgl. Lübbe, S. 249. – 49 Recknagel, S. 229. – 50 Lübbe, S. 290, 316. – 51 Ders., S. 267, 271/2, 275, 291; Sellhorn/Erzählungen, S. 340; Sellhorn/Regierung, S. 387. – 52 Lübbe, S. 276. – 53 Ders., S. 277. – 54 Anonym: »Ein neuer Traven«, in: »Das Wort«, Moskau 2/1936, S. 86 f.; Georg Schwinghammer: »Ein neuer Traven«, ebd., 4/5 1937, S. 126 ff.; Kurt Kersten: »Traven, Schwinghammer und die Mittelschichten«, ebd., 9/1937, S. 72 ff. – 55 Lübbe, S. 279 ff. – 56 Rebellion, S. 238. – 57 Regierung, S. 195. – 58 Recknagel, S. 225. - 59 Lübbe, S. 287 ff., S. 228. – 60 Vgl. dazu v.a. Veronica Bennholdt-Thomsen: »Bauern in Mexiko. Zwischen Subsistenz- und Warenproduktion«, Frankfurt/New York 1982; dies.: »Zur Bestimmung des Indios. Die soziale, ökonomische und kulturelle Stellung des Indios in Mexiko«, Berlin 1976. – 61 H.D. Tschörtner: Nachwort zur »Weißen Rose«, Berlin (DDR) 1972, S. 323. – 62 »Land des Frühlings«, Frankfurt/M. 1980, S. 289 ff., S. 239 ff. – 63 Rebellion, S. 9. – 64 Recknagel, S. 192. – 65 Tschörtner/Schöpfer, S. 587; vgl. Antkowiak; Günter Amendt: »Mexiko, das Land des Frühlings«, in: »Konkret Literatur«, Hamburg 8 1983/84, S. 66. – 66 Recknagel, S. 246; Sellhorn/Erzählungen, S. 344. – 67 Lübbe, S. 318; Sellhorn/Regierung, S. 386; Sellhorn/Baumwollpflücker, S. 279. – 68 Travens Brief an Bruno Dreßler v. 27.3.1939, in: Lübbe, S. 303. – 69 Küpfer, S. 296.

Karl S. Guthke

Auf den Spuren eines Unbekannten namens B. Traven

Abenteuer eines Biographen*

Böse Zungen mögen wissen wollen: Wer sich für die Biographie eines Menschen interessiert, der sein Leben damit verbrachte, seine Biographie und Identität zu verheimlichen oder gar auszulöschen, muß wohl einer von den sicher nicht wenigen Kriminalromanlesern sein, deren Bewerbung bei Scotland Yard erfolglos war. Denn was zur Beschäftigung mit B. Traven reizt, dürfte in der Regel tatsächlich das ›Geheimnis‹ sein oder das ›Rätsel‹: Wer war dieser Unbekannte, der seit den mittleren zwanziger Jahren mit seinen Romanen aus Mexiko die Welt im Sturm genommen hat? Daß es damit eine mysteriöse Bewandtnis hatte, wußten und wissen auch die, die keinen der Romane gelesen, allenfalls John Hustons »Schatz der Sierra Madre« gesehen haben. Und so – mit der Faszination von der Frage: Wer war es? – hat auch mein Interesse angefangen, vor etwa zwanzig Jahren schon. Ich war damals Germanistikprofessor an der University of Toronto, und ich sehe mich noch auf der Terrasse meines Hauses am Lake Ontario sitzen und Heidemanns Reportage im »Stern« lesen, dessen letztes Exemplar ich aus einem deutschsprachigen Lebensmittelgeschäft mehr aus Langeweile als aus speziellem Interesse mitgebracht hatte. Traven also ein Sohn Kaiser Wilhelms II.? Oder hatte sich damit nur jemand interessant machen wollen, der über seine Herkunft nicht oder nicht genau Bescheid wußte?

In der Folgezeit war dies und das über Traven in Zeitungen zu lesen, doch eigentlich Feuer gefangen habe ich erst im Sommer 1980, auf einer Vortragsreise in Australien, als ich mit einem Kollegen über das Lieblingsthema aller verdrängten Detektive sprach und hörte, daß die BBC einen Film und ein Buch über Traven herausgebracht habe. Verfasser? Vom Flughafen rief ich noch einmal bei dem Kollegen an: Nein, der Name sei ihm entfallen. Über die BBC erhielt ich dann bald die Auskunft; es war natürlich Will Wyatts sensationeller Abenteuer-Report über seine Recherchen über die ›jeunesse perdue‹ des Mannes, der so lange im Rampenlicht Versteck gespielt hatte. Nicht ein Hohenzollernsproß sollte B. Traven nun sein, sondern ein Schlosserlehrling namens Otto Feige aus dem deutschpolnischen Schwiebus bei Posen. Von einem Extrem ins andere also. Und zwischen den Extremen, das war längst bekannt, noch allerlei andere Thesen oder Hypothesen über die Herkunft des Hochberühmten, der vor seiner mexikanischen Zeit jener Ret Marut gewesen war, der die radikalanarchistische Zeitschrift »Der Ziegelbrenner« geschrieben hatte und als Zensor (ausgerechnet!) an der Münchner Räteregierung beteiligt gewesen war: Sohn eines norwegischen Fischers soll er gewesen sein oder auch eines amerikanisch-skandinavischen Farmers aus dem Mittleren Westen, Sohn eines Theaterimpresarios, einer Schauspielerin oder Sängerin, Theologiestudent aus Cincinnati, Spanienkämpfer, Zöllner aus Mecklenburg, Millionär mit schlechtem Gewissen, stalinistischer Spion, Jack London usw. Besonders kurios jedoch, daß B. Traven selbst zu solchen Mystifikationen beigetragen hatte. Auf der internationalen Traven-Konferenz anläßlich des hundertsten Geburtstags Travens – aber war es der hundertste? – in University Park, Pennsylvania, ließ der amerikanische Journalist William Weber Johnson wissen, Traven habe ihm in den vierziger Jahren einen langen Brief geschrieben, in dem er noch einige weitere Vermutungen über seine Identität mitteilte, mit viel Spaß an der Maskerade offenbar. War etwa auch Otto Feige eine falsche Identität? Camouflage?

Oder war es vielmehr sogar relativ gleichgültig, wer für die deutschen Texte, Bestseller in der Weimarer Republik und heute, heißt es, in einer Gesamtauflage von über 30 Millionen verbreitet, verantwortlich war – nämlich wenn an den bizarren Vermutungen von dem einen oder anderen Travenologen doch etwas sein sollte: Ret Marut sei nur der Übersetzer und allenfalls der Bearbeiter von englischen Manuskripten gewesen, deren Verfasser verschollen sei und ›undokumentiert‹? Nein, an dieser phantasievollen »Erlebnisträger-Hypothese« war nichts – so viel ließ sich mit einiger Sachkenntnis und einem Minimum an Denkklarheit zweifelsfrei ermitteln.

Aber als mein zusammenfassender Essay über dieses Thema erschien (»›Das Geheimnis um B. Traven entdeckt‹ – und rätselvoller denn je«, Frankfurt/M. 1984), war es mir längst klar geworden, daß die Frage, die so lange im Mittelpunkt des Interesses gestanden hatte: wer denn dieser Mann, der sich Traven nannte, *eigentlich* gewesen sei, nur durch einen glücklichen Zufall zu beantworten sei, der einem beweiskräftiges Material in die Hände spielte – wobei natürlich immer noch zu überlegen wäre, ob Traven selbst Genaueres über seine Herkunft, speziell also zumindest den Namen seiner Eltern, verläßlich und überzeugt gewußt hat. Nicht, daß es an zufallsvermittelter Hilfsbereitschaft gefehlt hätte. Als ich auf einer Party in Boston hörte, es habe sich vor Jahren einmal jemand mit angeblichen Aufklärungen über Traven an die deutsche Botschaft in Mexico City gewandt, und daraufhin dort nachfragte, erhielt ich – geheimnistuerische Diskretion überall, wo es um Traven geht – zwar nicht die gewünschten Aufklärungen, aber nach einiger Zeit aus West-Deutschland per Einschreiben einen Brief und Dokumenten-Kopien von einer Dame, die überzeugt war, daß ihr mittlerweile seit Jahrzehnten verstorbener Gatte, der staatenlose Seemann Wladimir de Bourba, der wahre Verfasser von unter dem Namen B. Traven in Umlauf gekommenen Romanen gewesen sei. Die Dokumente bezeugten das nicht. Ein anderer Blitz aus heiterem Himmel zur Identitätsfrage war ein Brief anläßlich eines Aufsatzes, den ich in der »Weltwoche« über die B. Traven-Werkausgabe veröffentlicht hatte: Eine Äbtissin hochadligen

61

Namens teilte mit, sie habe vor Jahrzehnten in Brasilien einen Deutschen getroffen, der Abenteuerromane über Südamerika schrieb und ihrer Meinung nach kein anderer als der berühmte Traven gewesen sein müsse. (Eine ganze Menge Briefe verwandten Inhalts liegen übrigens in Travens Nachlaß: Man gönnt dem verschwiegenen Romancier den Spaß!) Und dann die Nachricht des Traven-Verlegers Lawrence Hill, er habe aus England gehört, ein uralter Mann aus Australien habe ganz unverhofft seine Rechte und Ansprüche als Verfasser der – englischsprachigen – Originale der Traven-Bücher angemeldet. (Es handelte sich, wie sich bald herausstellte, um eine Parodie auf die Erlebnisträger-Hypothese in der englischen Zeitschrift »News from Neasden«.)

Ganz am Schluß meiner Arbeit an der Biographie gab es dann noch eine merkwürdige Überraschung zu dieser immergrünen Frage, *wer* Traven denn nun wirklich gewesen sei. Traven hatte, das wußte ich längst, in den dreißiger Jahren einen Theaterzettel zu einer Aufführung von Lortzings Operette »Zar und Zimmermann«, 1840 in Warmbrunn, an die Library of Congress zur Aufbewahrung geschickt und in seinem Begleitbrief zu erkennen gegeben, daß er einiges wußte über die einzige Adelige im Ensemble, eine Frau von Sternwaldt; und von Travens Witwe hatte ich gehört, daß Traven einmal angedeutet habe, er sei irgendwie mit dieser Frau von Sternwaldt verwandt oder glaube mit ihr verwandt zu sein. Diese Frau von Sternwaldt ließ sich, obwohl keine Primadonna des 19. Jahrhunderts, ermitteln; etwas bekannter war ihr Mann, der Schauspieler Ludwig von Sternwaldt. In der nächsten Generation gab es dann, so konnte ich anhand des »Theater-Almanachs« herausfinden, kurze Zeit ein Fräulein von Sternwaldt als Schauspielerin auf deutschen Bühnen. Aufregender wurden die Recherchen mit der Entdeckung, daß in den achtziger Jahren des 19. Jahrhunderts ein Herr und eine Frau von Sternwaldt am »Deutschen Theater« in Newark im Staat New Jersey tätig gewesen waren – im Jahrzehnt vor Travens Geburt, dessen Muttersprache fraglos Deutsch war, der aber immer, und zwar, wie seine Witwe berichtet, aus Überzeugung, behauptet hatte, er sei in Amerika geboren, und manchmal hinzufügte, er sei als Kind mit seinen Eltern nach Deutschland gekommen – Eltern, deren Beruf er (zumindest im Fall der Mutter) mit dem deutschsprachigen Theater verband. Und ›von Sternwaldt‹ – wäre das nicht die Art von Familie, die Ret Marut im Sinne hatte, als er im »Ziegelbrenner« behauptete, seine Familie ließe sich Jahrhunderte zurückverfolgen? Einen Strich durch die Rechnung machte nur dies, daß ›von Sternwaldt‹ kein authentischer Adelsname ist. Es gibt den Namen nicht! Aber vielleicht ein Anagramm eines adeligen Namens? Etwa ›von Warnstedt‹, wobei das beim Anagrammisieren als überzählig herausfallende L. auf den Vornamen deutet: Ludwig? Es gelang mir, den Familienhistoriker der Warnstedts in Stockholm ausfindig zu machen, der mir die Geschichte vom Namenswechsel bestätigte, übrigens auch noch eine Zigarettendose von dem Schauspieler Ludwig von Sternwaldt besaß. Wichtiger war, daß die Familie von Warnstedt tatsächlich preußischer Adel war, wie Traven aus merkwürdiger Sachkenntnis in seinem Begleitbrief an die Library of Congress über die (bürgerlich geborene) Frau von Sternwaldt schrieb, und daß die Familie weite skandinavische Verzweigungen hatte – und hatte Traven nicht oft seine (letztlich) skandinavische Herkunft behauptet? All das beweist allenfalls, daß Traven der Meinung war, oder mit der Meinung gespielt hat, mit jener Frau von Sternwaldt von 1840 irgendwie verwandt oder verbunden zu sein. Warum hat der Mann, der jahrzehntelang unstet, bestenfalls ›aus dem Koffer‹ lebte, der, steckbrieflich gesucht, in verschiedenen europäischen Ländern im Untergrund existierte, immer auf der Flucht, der Mann, der sich dann, nach Mexiko verschlagen, als Gelegenheitsarbeiter durchbringt, mit einem Minimum an Ausrüstung, mittellos, besitzlos auf Expeditionen geht und jahrzehntelang am Rand der Wildnis haust – warum hat ein solcher Mann den Theaterzettel einer deutschen Provinzbühne besessen? Warum bewahrt er ihn offenbar viele Jahre lang auf? Und warum sorgt er dafür, daß er der Geschichtsschreibung nicht verlorengeht (er will ihn zurück, falls die Library of Congress für das angebliche Unikat keine Verwendung habe). Will er die Erinnerung an die Frau von Sternwaldt vor der Vergeßlichkeit der Geschichtsschreibung bewahren, weil sie seiner Meinung nach irgendwie auch zu seiner Geschichte gehört? Doch warum sollte jemand, der eventuell meint, mit dieser Familie Verbindung zu haben, sich Traven nennen und Marut? Als ich im Sommer 1985 während der Tagung der Internationalen Vereinigung der Germanisten in Göttingen am ›freien Tag‹ (die meisten anderen Kongreßteilnehmer waren auf die üblichen Exkursionen gegangen) die Familie von Warnstedt in der reichhaltigen genealogischen Abteilung der Universitätsbibliothek recherchierte, entdeckte ich in einem familiengeschichtlichen Nachschlagewerk, daß jedenfalls zwei Angehörige der in Deutschland seit der Jahrhundertwende im Mannesstamm ausgestorbenen Familie in Schleswig-Holstein gelebt hatten oder doch gestorben waren – in einem Ort, der Traventhal heißt, und nicht weit davon entfernt war immerhin ein Gut auf der Landkarte auszumachen, das noch heute Marutendorf heißt...

Zufall? Ein anderer Zufall (Hitzewelle in Neu-England, gedankenloses Nachschlagen im Handschriftenkatalog der klimatisierten Houghton Library, während ich darauf warte, daß ein bestelltes Buch gebracht wird) spielte mir einen Brief Travens, ebenfalls aus den dreißiger Jahren, in die Hände, in dem er einem amerikanischen Journalisten versicherte: Er wisse nicht, wer er sei; wüßte er es, so schriebe er vielleicht nicht...

So interessant die Herkunfts- und Identitätsfrage ist, die, wie gesagt, so sehr auf den Zufall angewiesen ist: faszinierender noch wurde für mich bald schon die andere Frage – die nach dem Leben dessen, der der Welt solche Rätsel aufgegeben hat. Wie sah das Leben dieses Mannes aus, in seiner Fülle des Konkreten, in seiner Eigenart des Psychischen; das Leben des Mannes, der jahrzehntelang das Licht der Öffentlichkeit floh, sich in den Bungalow im Busch und auf Expeditionen in den am wenigsten entwickelten Staat Chiapas verkroch, dann als Obstfarmer im damals noch ländlich verlassenen

Acapulco ein gewolltes Schattendasein führte, der sich nicht ausräuchern, angeblich nicht einmal photographieren ließ und sich in Mexiko und noch 1959 in Deutschland bei der Premiere des »Totenschiffs« als Agent seiner selbst (»Hal Croves«) ausgab, der schließlich in den letzten Jahren in der Weltstadt Mexico City lebte – elegant, aber unscheinbar und incognito außer für die Familie und den Kreis seiner Freunde aus dem Kunst- und Filmmilieu? War eine Lebensbeschreibung dieses in seine Anonymität verliebten Weltberühmten nicht ebenso interessant wie die Auflösung des Rätsels, das vielleicht keines war, weil selbst Traven nicht die Antwort hatte? Was für ein Leben war das gewesen? War es überhaupt ein Leben oder, wie so vieles um Traven, nur das Gerücht eines Lebens?

Gepackt von diesem Gedanken, war natürlich meine erste Frage, wie an den Nachlaß heranzukommen sei. Ein Brief an Travens Witwe blieb unbeantwortet. Ihre Telephonnummer stand nicht im Telephonbuch von Mexico City, natürlich nicht. Gegenüber ihrem Haus, das hatte ich mit Hilfe einer cleveren Reiseberaterin in Erfahrung gebracht, war ein vielgeschossiges Hotel, »Romano Diana«, und schon stellte ich mir vor, wie ich von dessen Dachgarten aus das Kommen und Gehen in der Calle Mississippi 61 beobachtete, um dann eines Tages im geeigneten Moment die ahnungslose Rosa Elena Luján an ihrer Haustür zu ›stellen‹. So weit kam es dann doch nicht; ein hilfsbereiter Verlegerfreund, der Lawrence Hill, Travens amerikanischen Verleger, kannte, besorgte mir die geheime Telephonnummer. Diese Nummer wählte ich dann an einem tropisch heißen Augusttag 1982 in meinem Haus in Lincoln, Massachusetts, mit klammen Fingern; die Haushälterin antwortete, bald war Señora Luján selbst am Apparat – freundlich entgegenkommend und informiert über mein biographisches Projekt, und ob ich denn ihr Telegramm nicht erhalten hätte? Ich sei eingeladen, mir den Nachlaß anzusehen, und sie werde mir behilflich sein.

Eine Woche später war ich in Mexico City. Aus dem Hotel rief ich an, wurde gleich zum Apéritif hinübergebeten in das Haus in der Calle Mississippi, wo Traven in den sechziger Jahren gewohnt hatte. Damals war die Calle, eine Seitenstraße des Paseo de la Reforma, des Prachtboulevards der Ciudad, noch palmenbestanden gewesen; alte Photos zeigen auch noch Villen mit schmiedeeisernen Toren und Springbrunnen mediterranen Stils. In den achtziger Jahren war unübersehbar und unüberhörbar, daß man sich in nächster Nähe des Zentrums der am dichtesten bevölkerten Stadt der Welt befand; die Vögel, die Traven auf seinem Balkon zu füttern pflegte, hatten längst das Weite gesucht vor dem Verkehr, der das Haus nun umbrandet. Innen jedoch, hinter dem eisernen Tor, hinter den dicken Wänden des modernen graugrünen, dreistöckigen Hauses, eine gediegen friedliche Welt von Stil und Geschmack; Bilder von führenden Künstlern des Landes, Bücher, alte Teppiche, Konzertflügel, Mexikanisch-Archäologisches, jenseits der Glastür des Eßzimmers ein Patio mit Zitronenbäumchen und Indianerplastiken und, imponierend, Canessis bronzener Traven-Büste. Hier also

ging die geheimnisvollste Gestalt der modernen Literatur aus und ein –
geheimnislos, vertraut, gekannt, begrüßt von Gattin und Stieftöchtern,
Freunde zum Comiteco einladend, aus seinem langen Leben erzählend...

Rasch und mühelos kommt man ins Gespräch an jenem Spätnachmittag
im August, während im Patio die letzten schweren Tropfen des Gewitter-
regens niedergehen, der sich in dieser Jahreszeit jeden Nachmittag mit einer
Pünktlichkeit einstellt, die sonst selten ist in diesem Land. Traven wird eine
lebendige Präsenz im lebhaften Hin und Her des Gesprächs, bald spanisch,
bald englisch, Bücher werden hervorgeholt, Bilder gezeigt, erinnert, was
Traven zu diesem oder jenem Thema gesagt hat, was er von diesem oder
jenem hielt, ob nun Conrad oder Calles – Señora Luján spricht in der Regel
von ihm als »Traven«, manchmal nennt sie ihn auch den »Skipper«, den
»Käpt'n«, wie der Mann im Familienkreis hieß, der sein Haus wie ein Schiff
führte, komplett mit der »Brücke« (Arbeitszimmer), von der er abends
»unter Deck« kam, um mit dem »First Mate« einen Drink zu nehmen.

Die nächste Woche bin ich dann jeden Tag in der Calle Mississippi 61.
Nachdem ich Einzelheiten meines Projekts erklärt habe, bringt mir Rosa
Elena Luján täglich Stöße von Mappen mit Korrespondenz (die deutsche
übersetze ich ihr, froh, daß die Zusammenarbeit auch ein bißchen
Gegenseitigkeit hat), wurmstichige, von Hand korrigierte Typoskripte von
unveröffentlichten Texten wie dem Anfang eines Romans (auf Deutsch) und
englischen Aufsätzen aus den zwanziger Jahren, unter anderem über die
Palacios-Expedition, ferner Urkunden aller Art (von der Einbürgerungsurkunde und einem Einführungsschreiben für Señor Torsvan an Behörden in
Chiapas bis zum Ausweis, der zur Teilnahme an der Palacios-Expedition
berechtigte, und dem mit vielen bunten Marken beklebten Dokument über
den Kauf eines scheckigen Pferdes irgendwo im tiefen Süden, keine
Geburtsurkunde allerdings), dann handschriftliche Aufzeichnungen auf
Zetteln, kleine Notizhefte mit Tagebucheintragungen von den Expeditionen
nach Chiapas und vielfältige Memorabilien. (Es scheint, daß Traven, der
eines Nachts, als die »Stern«-Equipe ihm auf den Fersen war, allerlei Papiere
im Kamin verbrannte, nichts wegwerfen konnte – aus der Marut-Zeit waren
da noch Fahrkarten, Essensmarken, Geldscheine verschiedener Länder,
»Ziegelbrenner«-Hefte, amtliche Bescheinigungen aus den ersten Nach-
kriegsjahren, eine Kinokarte und ähnliches Debris, an dem man Maruts
Fluchtweg zu rekonstruieren versucht ist, usw.) Ich sehe deutsche Reiseführer, die sicher aus der Zeit stammen, als Ret Marut, steckbrieflich gesucht,
darauf angewiesen war, auf gut Glück Unterschlupf zu suchen, weiterhin
Bücher aus der Münchner Zeit, Notenhefte, archäologische Abhandlungen,
Rechnungen, Überweisungsscheine, Photographien aus den zwanziger
Jahren, Graphik aus dem Kreis um Travens Kölner Freund Seiwert, Film-
Skripts aus den späteren Jahrzehnten, als Traven keine Romane mehr
schreibt. Ich lese die englische Erstfassung des »Totenschiffs« – handschrift-
lich, mit Tintenstift, fragile Blätter, geschrieben, versichert Señora Luján, in
Brixton im Gefängnis, 1923/24, als die Londoner Polizei den Landesfremden

festgenommen hatte, weil er nicht beim Ausländermeldeamt vorstellig geworden war. Señora Luján läßt mich Notizen machen, Papiere kopieren, schenkt mir Druck-Texte, von denen sie überschüssige Exemplare hat, erläutert den Wortlaut, gibt Auskunft über Personen, erzählt zwischen den immer wieder unterbrechenden Telephonanrufen aus ihrem Leben mit Traven und von Äußerungen Travens über seine frühe mexikanische Zeit. Wir lunchen im Patio; die Hausherrin, die in den Künstlerkreisen Mexikos aus- und eingeht und Travens geschäftliche Angelegenheiten seit vielen Jahren mit Geschick und Kompetenz in der Hand hat, erzählt weiter von Traven mit der ihr eigenen lebhaften Natürlichkeit: Anekdoten, politische Ansichten, Arbeitsgewohnheiten. Man kann sich Traven nun vorstellen, wie er hier zu Hause gewesen ist, wo er frei war von der Bürde des Ruhms, von wo er unerkannt zum Kiosk an der Straßenecke gehen konnte, um die Zeitung zu kaufen, oder zum Hauptpostamt am Zocalo in der alten Innenstadt, wo er tagtäglich seine aus aller Welt hereinströmende Post abholte – aus dem Postfach, das ausgerechnet die Nummer 2701 hatte: Sollte es ihm je durch den Kopf gegangen sein, daß Wilhelm II. am 27. Januar geboren war?

Zwei, drei Tage nach meiner Ankunft zeigt mir Señora Luján die »Brücke«, das Nerven-Zentrum des Hauses, oben im dritten Stock. Dort ist wenig verändert, seit Traven hier starb, am 26. März 1969. Die Schubladen sind vollgestopft mit den Typoskripten der Romane (oft in mehreren Fassungen; die Druckvorlagen ließ Traven sich ja regelmäßig zurückschicken), in den Schränken die Photoapparate, die Tropenstiefel, Expeditionsausrüstung, Verlegerkorrespondenzen; Porträts von Marut und Traven an den Wänden; die Uhr, die die Stunde seines Todes festhält; die Totenmaske; Berge von Zeitschriften, Bücher noch und noch; viele schwarze Aktenhefter mit Zeitungsnachrichten und Rezensionen über den mysteriösen ›B.T.‹, der irgendwann im Sommer 1924, ohne Papiere, ohne

Titelblatt des Manuskripts der »Baumwollpflücker«.

Mittel, ohne Namen, an der karibischen Küste Mexikos auftauchte und zwei Jahre später eine Berühmtheit war als Verfasser des »Totenschiffs« – in Europa, während er sich in Mexiko als Baumwollpflücker durchschlug und als Amerikaner ausgab, der so tat, als verstünde er kein Wort Deutsch.

Im Laufe der nächsten Jahre war ich dann noch mehrmals in der Calle Mississippi, tagelang im Eßzimmer an dem großen marmornen Tisch arbeitend, wo Traven seine Gäste bewirtete. Lücken in der biographischen und werkgeschichtlichen Darstellung waren noch auszufüllen, lebensgeschichtliche Einzelheiten zu erfragen, Daten zu verifizieren, Dokumente erneut zu überprüfen. Manchmal tauchte noch etwas völlig Unerwartetes aus den vielen Mappen und Umschlägen auf.

Allmählich, sehr bald schon dank der ebenso charmanten wie sachverständigen Gastgeberin und ihres stets hilfsbereiten und unterhaltsamen neuen Lebensgefährten Ray Spencer, Skriptwriter aus Kalifornien, fühle ich mich zu Hause in dieser neuen Welt. Wir haben uns rasch angefreundet, unser Gesprächsthema ist längst nicht mehr auf ›B.T.‹ beschränkt, obwohl natürlich, auch bei Apéritif und Lunch, die Sprache immer wieder auf ihn zurückkommt, der hier einmal am Schreibtisch saß, vor dem Kamin stand, im Patio die Hunde fütterte, mit den Stieftöchtern Shakespeare-Szenen probte, später mit der Enkelin Irene spielte, mit Heidemann sprach, Interviews und Non-Interviews gab. Chele und Malú erzählen von Traven, kleine Züge des täglichen Lebens werden lebendig, Gesprächsfetzen aus der Vergangenheit werden wieder laut. Spontan wird das alles geäußert, denn ich bin ja kein Reporter, schleppe kein Tonbandgerät herum, mache keine Schnappschüsse; ich bin in den Familien- und Freundeskreis aufgenommen, zu Gast auch in größerem Kreise in der eleganten Stadtwohnung einer der Töchter. Andere Gestalten aus Travens Lebenskreis tauchen auf. Da ist etwa Angélica Siqueiros, die Gattin des mexikanischen Muralisten, mit dem der deutsche Romancier befreundet war, mit dem er aber auch, so höre ich jetzt von Angélica, häufig über politische Fragen sich in die Haare geriet. Dann Gabriel und Antonieta Figueroa, die Traven jahrzehntelang kannten: Ich sehe ›Travens Zimmer‹ in Figueroas großem Haus im parkartigen Garten in Coyoacán, einer alten, vornehmen Künstlerkolonie etwas außerhalb von Mexico City, wohin Traven oft aus Acapulco herüberkam, »seine zwei Hemden in den Schrank hängte« und sich besonders geborgen fühlte, als Luis Spota ihm auf die Spur kam. Geschichten über Traven werden erzählt, Dialoge wiederholt, Photos gezeigt; Travens Patenkind, Gabriel Figueroa jr., erinnert sich noch an deutsche Kinderverse, die Traven ihm beigebracht hat, hier auf dem Sofa sitzend, in der Ecke dort, »Trara, trara, die Post ist da« zum Beispiel. Antonieta – sie ist eine bekannte Malerin; von ihr stammt die vielfach reproduzierte Kohlezeichnung von Traven – erinnert sich an gemeinsamen Kinobesuch per Bus, an einen Ausspruch von Traven, hier unter den alten Bäumen auf- und abgehend, über seine Mutter; Gabriel, der berühmte Kameramann, Vetter und Schwager von Esperanza López Mateos, schenkt mir Photos von Traven, erzählt von Esperanza, überraschend daran unter anderem dies, daß es gar nicht stimmt, was in der Traven-Literatur zu lesen ist, daß sie gelähmt und an den Rollstuhl gefesselt gewesen sei, als sie sich 1951 erschoß.

Dann die Tage in Señora Lujáns Landhaus in Cuernavaca, etwa eine Stunde Autofahrt abwärts von der im Altiplano gelegenen Metropole: der Schauplatz von »Under the Volcano«, ein paradiesischer Ort – Cortés residierte hier im ›ewigen Frühling‹, der in unserem Jahrhundert die Prominenz aus aller Welt anlockt; der ehemalige Präsident Echeverría wohnt ein paar Häuser weiter, Haile Selassies Villa dort oben, der Schah...

Auch hier wieder – der Nachlaß wird allmählich hierher gebracht, wo er in der geräumigen Bibliothek im Obergeschoß übersichtlich geordnet werden kann – Gespräche über Traven mit Familie und Freunden. Es ist ein großer Kreis in diesem weitläufigen, im modernisierten Kolonialstil ausgebauten Haus, das zu Travens Zeit eher winzig war und so ausbesserungsbedürftig, daß es kaum bewohnt werden konnte.

Aus der Marut-Zeit war in Mexiko natürlich vergleichsweise wenig erhalten, besonders nicht Maruts eigentlicher Nachlaß: die Papiere, die er in der Münchner Clemensstraße zurückließ, als er am 1. Mai 1919 untertauchte, nachdem es ihm gelungen war, der improvisierten Justiz eines zigarettenrauchenden Leutnants zu entwischen, der ihn um ein Haar in der Residenz zum Tode verurteilt hätte. Dieser Nachlaß war in Privathand, das war jedem Travenologen bekannt; aber an ihn heranzukommen, war offenbar nicht einfach. Das konnte man jedenfalls der Traven-Literatur entnehmen, und das schien sich auch zunächst zu bewahrheiten, als Briefe unbeantwortet blieben – bis mir dann der Zufall zu Hilfe kam. Eines Tages ein Anruf von der Besitzerin des Marut-Nachlasses – kaum glaublicherweise aus Boston, von meinem Bürofenster in Cambridge aus im Nebel zu sehen; sie sei dort bei Verwandten zu Besuch. Wir verabredeten uns zum Lunch in Harvards Universitätsclub. Erst geht das Gespräch gar nicht gut: Ich habe den Eindruck, einer von den vielen zu sein, die sich erfolglos um die Marut-Papiere bemüht haben; doch dann taut das Gespräch allmählich auf, als wir, Zufall wiederum, Gemeinsamkeiten entdecken: Meine Frau kennt ihre Schwester; neben einer Studienfreundin, die sie in Kanada besuchen will, habe ich gerade am Samstag zuvor beim Dinner gesessen... Es endet mit einer Einladung, mir, wenn ich gelegentlich nach Europa käme, den Marut-Nachlaß anzusehen.

Ich ließ natürlich nicht lange auf mich warten. In einem idyllischen Universitätsstädtchen konnte ich ein Wochenende lang in einem Privathaus ein paar Kartons voller Marutiana durchsehen: »Ziegelbrenner«-Korrespondenz und Briefwechsel mit Redaktionen und Verlagen, Typoskripte von veröffentlichten und unveröffentlichten Erzählungen, Feuilletons, exotischen Romanen, Manuskripte von Gedichten und einem angefangenen Drama, ein merkwürdiges Notizheft, in dem der spätere Traven auf seine mir mittlerweile längst bekannte penible Art Seemannsknoten und nautische Signale verzeichnet hatte, weiter ein kleines Heft mit genauer Buchführung über die Rollen, die Marut auf der Tournee der Berliner »Neuen Bühne« in den deutschen Ostprovinzen gespielt hat, Zeitungsausschnitte mit Besprechungen von Theateraufführungen, die Ret Marut erwähnen, und allerlei anderes, von besonderem Interesse darunter ein Brief Maruts, aus dem hervorgeht, oder in dem er doch einem Verleger versicherte, er spreche in seinem Roman »Die annamitische Fürstin« durchaus aus Erfahrung, denn er sei um 1900 immerhin längere Zeit in Indochina gewesen – als Otto Feige, wie Will Wyatt nachgewiesen hatte, Mitteleuropa noch nicht verlassen hatte (falls er es je verlassen hat).

Andere Quellen, die sich, zum Teil wieder unverhofft, auftaten, waren weniger ergiebig, doch im Prinzip ebenso interessant durch die Streiflichter, die unerwartet auf den großen Geheimnistuer und Kaspar Hauser der Literatur fielen, der es sogar im Rampenlicht der Weltöffentlichkeit verstanden hatte, sich vor Neugierigen zu verstecken. In besonders intensiver Erinnerung habe ich einen Sommer-Nachmittag bei Gerd Heidemann in seiner Wohnung in Altona, die er während seiner Haftunterbrechung bezogen hatte. Durch seinen Anwalt hatte ich von dieser Haftunterbrechung erfahren, hatte ihn gebeten, mir eine Besprechung mit Heidemann über Traven zu ermöglichen, und tatsächlich: Ein, zwei Tage später rief mich Heidemann in meinem Hotel in Hamburg an und verabredete sich zu einem Gespräch. Es ging vor allem natürlich um seine Besuche in Mexiko in den sechziger Jahren, beim zweiten war er bis zu Traven selbst in die Calle Mississippi vorgedrungen, beim ersten, 1963 – man wohnte damals noch in einem Hochhaus in der Calle Durango – nur bis zu Rosa Elena Luján. Heidemann hat damals eine enorme Traven-Sammlung zusammengestellt: Photos von seinen Recherchierreisen in die Welt B. Travens, Theaterzettel, Briefe, Dokumente, Veröffentlichungen vor allem aus der Marut-Zeit, alles geordnet in Dutzenden von Heftern, die, Heidemann war eben erst eingezogen, säuberlich aufgereiht in den Regalen standen. Stundenlang blättern wir darin, fast ein ganzes Leben wird hier lebendig, besonders in seinen Details, die so vielsagend sein können. Nur ein Beispiel dafür: Zu der Sammlung gehört der Zettel, den Marut für seine Sekretärin tippte, bevor er, es wird am 1. Mai 1919 gewesen sein, sein »Ziegelbrenner«-Büro zum letzten Mal verließ, ein Zettel mit peinlich genauen Anweisungen über die Führung des Büros bis hin zu der Mahnung, die Vorhänge vorzuziehen und die Tür abzuschließen. Ganz so Hals über Kopf ging die Flucht in den Untergrund also offenbar nicht vonstatten.

Ein solcher Reichtum an Unterlagen war anderswo natürlich nicht zu erwarten. Überhaupt: Wie wenige es noch gibt, die Traven persönlich gekannt haben! Auf der Traven-Konferenz war es natürlich anregend, mit Judy Stone, Charles Miller, Lawrence Hill und Herbert Klein zu sprechen, die mir ihre lebhaften Erinnerungen an Traven mitteilten, ebenso wie Ferdinand Anton in München. Wie wenige, von denen er gekannt sein wollte, jener menschenscheue Hal Croves, der unscheinbar an den riesigen Reklamen für Travens Werke vorbeiging.

In öffentlichen Archiven gab es eher nur kleine Funde. Doch groß auch die Genugtuung, wenn man etwa auf gut Glück im Stadtarchiv München nachfragt und nach ein paar Tagen die Auskunft erhält: Maruts polizeiliche

Meldung aus dem Jahr 1914/15 mit allerlei Auskünften zur Person sei noch im Original vorhanden, ebenso seine Eintragung in die Gewerbeliste der Stadt. Ähnlich die Entdeckerfreude in verschiedenen Abteilungen des Bayerischen Staatsarchivs; hier stieß ich mitten in staubigen dicken Aktenbündeln aus der Zeit der Räterepublik und der Fahndung nach ihren »Rädelsführern« ab und zu auf ein paar Schriftstücke, auf denen der Name Ret Marut erschien: Ret Marut als gesuchter Mitverschwörer, Ret Marut als Zensor in der kurzlebigen Republik, Ret Marut als treibende Kraft der Pressesozialisierung u.ä.

In London dirigierte Will Wyatt mich in die Hafengegend im East End, wo Marut 1923/24, wie er selbst in seiner mexikanischen Zeit es vielleicht ausgedrückt hätte, ›herumgegangen‹ hatte; ich nehme die Atmosphäre an einem Sonntagnachmittag im Anschluß an einen Gottesdienst in der nahegelegenen St. Pauls-Kathedrale in mich auf. Weniger unmittelbar war das Ergebnis meiner Bemühungen im Innenministerium in London, dem klotzigen Bunkerbau am Queen Ann's Gate, wo in der Tat Bunkermentalität zu herrschen schien trotz der überaus entgegenkommenden Sachbearbeiterin, mit der ich über Photographien aus den Beständen des House Office verhandelte. Nach mehreren Wochen wurde meine Bitte dann jedoch brieflich in korrektester Weise erfüllt.

Helmut Müssener vermittelte den Kontakt mit dem Stockholmer Arbeiterarchiv, das die Korrespondenz mit Travens in der Kriegszeit wohl wichtigstem Verleger, Axel Holmström, besitzt; und als ich im Herbst 1986 nach einem Vortrag an der Universität Stockholm dem Sohn Holmströms vorgestellt wurde, der übrigens Traven ins Schwedische übersetzt hatte, zeigte er mir Traven-Briefe, während die ebenfalls zu dem Vortrag erschienene Witwe des Traven-Übersetzers Eugen Albin mir erzählte, Traven habe ihr nach dem Tode ihres Mannes ein paar Hundert Kronen aus seinem Honorar überweisen lassen – ihm selbst ging es damals finanziell höchst miserabel, seit der deutsche Markt für ihn ausgefallen war.

---

* Karl S. Guthke: »B. Traven. Biographie eines Rätsels«. Frankfurt/M. 1987. Meine Traven-Biographie hat drei Motti, die zusammengenommen den Reiz der Beschäftigung mit dem Leben gerade dieses Mannes spürbar werden lassen:

»Die Biographie eines schöpferischen Menschen ist ganz und gar unwichtig.«
B. Traven
»Life is worth more than any book one can write.« Hal Croves
»Ese lugar común de que ›lo mas interesante de su obra, es su propia vida‹, a nadie se le puede aplicar mas justamente, que a B. Traven.«
Luis Spota

Angelika Machinek

Die Travenologie

Die Anfänge dieser zwar noch jungen, aber dennoch schon traditions- und publikationsreichen Disziplin sind schwer zu datieren. Auf jeden Fall aber ist die Travenologie ein wirklich interdisziplinärer Ansatz, der Literaturwissenschaftler mit Journalisten (Reportern), Verlegern, (verhinderten) Kriminalisten und engagierten Laien zusammenführt.

Die Travenologie konstituierte sich nicht zeitgleich mit dem Auftauchen des namengebenden literarischen Pseudonyms, sondern trat verzögert in Erscheinung. Ein wichtiges Datum fällt zweifellos in das Jahr 1947. Der mexikanische Verleger der Traven-Werke verteilte auf einer Bücherschau Flugblätter, auf denen bekanntgemacht wurde, »Life« habe auf die Ergreifung – ah, nein –, auf die Entschlüsselung der Identität B. Travens eine Belohnung von 5 000 Dollar ausgesetzt.

Natürlich war diese Meldung reine Erfindung zum Zweck der Reklame. Aber sie wurde nie recht dementiert, vielmehr gab sie ein weiteres schlagzeilenträchtiges Attribut zur Kennzeichnung ab: B. Traven, der weltbekannte Unbekannte, auf dessen Entdeckung ein kleines Dollar-Vermögen stand.

Die 5 000-Dollar-Ente kolportierten auch die ab Januar 1951 unregelmäßig Verwirrung stiftenden »BT-Mitteilungen« gern, um – so die in Nr. 1 formulierte Wirkungsabsicht – »alles Wissenswerte über B. Traven und seine Bücher bekanntzugeben«. Überhaupt, mit dem hektographierten Reklame- und Informationsblättchen »BT-Mitteilungen« hatte die Travenologie für zehn Jahre ihr Forum gefunden.

Die BT-M, wie wir sie vertraut nennen können, wurden auf neutralem schweizer Boden (Zürich) herausgegeben von Travens Generalbevollmächtigtem für das europäische Festland, Josef Wieder, dem autorisierten Chef-Travenologen sozusagen.

Die BT-M wurden an Redaktionen, Verlage und interessierte Einzelpersönlichkeiten verschickt, und der Abdruck der enthaltenen Artikel und Notizen war ausdrücklich und honorarfrei gestattet. Neben umfänglichen Traven-Zitaten brachte Wieder Meldungen über Neuherausgaben und Übersetzungen der Traven-Bücher, Auflagenstatistiken, Presseurteile, Literaturklatsch und panegyrische Traven-Betrachtungen – aber vor allem wieder und wieder Beiträge, deren Rezeptur er selbst, gemünzt auf die Traven-Berichterstattung der Presse, so beschrieb: »Man nehme einige längst widerlegte Legenden, füge einige neue Unwahrheiten hinzu, mische mit ganz wenig Wahrem und würze mit einer Prise frecher Schlußfolgerungen.« (BT-M Nr. 23).

Nach Eingangszeilen wie »In Deutschland zirkuliert zur Zeit das Gerücht...« (BT-M Nr. 5) wärmt er längst vergessene oder wegen ihrer Veröffentlichung im Ausland oder in peripheren Zeitschriften kaum wahrgenommene Legenden auf, um sie zuerst genüßlich breitzutreten und sie dann vermittels zweifelhafter Fakten zu widerlegen. Und um seine Monopolstellung zu behaupten und Mitbewerber im Travenologie-Segment des Literaturmarktes das Fürchten zu lehren, führt er die ständige Rubrik »Gottes Mühlen mahlen langsam, aber...« ein.

Unter dieser Überschrift meldete Wieder zum Beispiel, daß ein Autor namens Jiménez 1948 in der mexikanischen Tageszeitung »Novedades« veröffentlicht habe, B. Traven sei nicht mehr am Leben. »Dieser Guillermo Jiménez, ein hoffnungsvoller Verfasser von Geschichten und Biographien, ist vor etwa zehn Monaten im Alter von erst 28 Jahren in Acapulco ertrunken. Ein Dr. Dampf, der ebenfalls viel Unfug über Traven verbreitete und behauptete, B. Traven persönlich zu kennen, um sich bemerkbar zu machen und auf dem Rücken von B. Traven zu Berühmtheit zu gelangen, starb vor drei Jahren an einer langen und schmerzvollen Krankheit, ohne daß die Menschheit von einer seiner angeblich wissenschaftlichen Forschungen Notiz genommen hätte. Heinrich Guttmann ist der Mann, der behauptete, Redakteur beim Berliner ›Vorwärts‹ gewesen und bei der Verbrennung der Bücher von B. Traven durch die Nazis auf einem öffentlichen Platz in Berlin zugegen gewesen zu sein. Guttmann (...) wurde vor vierzehn Monaten an einem Morgen mit zerschmettertem Kopf, verstümmeltem Körper und Gliedern, auf einer Straße im Zentrum von Mexiko-City aufgefunden. Der Reporter Erwin Egon Kisch, der die im Laufe der Jahre von verschiedenen ernsthaften Journalisten widerlegte Fred Maruth-Legende nach dem Jahre 1945 wieder nach Europa brachte und in vielen Zeitungen als Neuigkeit veröffentlichen ließ, starb vor vier Jahren in Prag. In jenem weltbekannten Zeitungsbericht der ›Mañana‹, in der ein mexikanischer Schlüsselloch-Reporter den Autor des Buches ›Die Brücke im Dschungel‹ zu entdecken versprach und dann dem mexikanischen Publikum einen Schweden als den endlich aufgefundenen Autor verkaufte, sank jener Reporter so tief, daß er einen mexikanischen Postbeamten bestach, ihm Briefe, die an den mexikanischen Vertreter des Autors gerichtet waren, auszuhändigen. (...) Nicht der lausige Reporter, der für den Diebstahl der Briefe verantwortlich war, wohl aber der Postbeamte, wurde mit Gefängnis bestraft. Einige Monate, nachdem er aus dem Gefängnis entlassen war, geriet er unter einen Lastwagen, verbrachte mehrere Monate im Hospital und ist für den Rest seines Lebens ein Invalide.« (BT-M Nr. 6)

Reicht das zur Abschreckung? Wenn nicht – die Aufzählung bedauernswerter Schicksale wird in den weiteren Nummern der BT-M fortgesetzt.

Aber nicht nur die Traven-Enthüller ereilt ihr Schicksal, auch die Nachahmer, die sich des anscheinend wohlfeilen Pseudonyms bedienten, fallen regelmäßig der Gerechtigkeit anheim. Hier dann nutzt Wieder die Gelegenheit, die Denunziation des Plagiators mit dem lobhudlerischen Lied auf das Original zu verbinden: »Wieder einmal ist einer verhaftet worden, der sich als B. Traven ausgab. Man entlarvte ihn dadurch, daß man ihn zehn Zeilen Erlebnisbericht schreiben ließ. Traven kann man, auch wenn manch einer Traven sein möchte, nicht nachahmen. Diesen Stil, diese aufs höchste konzentrierte Kunst, in möglichst wenig Worten möglichst viel zu sagen, beherrscht nur der Unbekannte, der unter dem Namen B. Traven seit Jahrzehnten (...) die packendsten Bücher schreibt, die man sich denken kann.« (BT-M Nr. 7) Und 1957 bekräftigt Josef Wieder noch einmal: »Seit dem Tage, an dem der Name B. Traven auftauchte, ist es einem jeden sehr übel ergangen, der versuchte, seinen Schund loszuwerden, lediglich dadurch, daß er sich des Namens B. Traven bediente, um die Redaktion einer Zeitung zu übertölpeln.« (BT-M Nr. 27)

Diese Beschwörung des auf der Travenologie lastenden Fluches ist adressiert an Wolfgang Cordan, der dann – richtig, Sie ahnen es schon – wenige Jahre später im mexikanischen Busch unter mysteriösen Umständen einen gewaltsamen Tod fand. – Aber darüber konnte Josef Wieder nicht mehr mit dem ihm eigenen Gefallen an solcherart Begebenheiten berichten, denn er war bereits 1960 verstorben...

Die in den BT-M zelebrierten tragischen Schicksale sind die von Travenologen (und ihren Helfershelfern), die sich des Versuchs der Aufdeckung des Travenschen Pseudonyms schuldig gemacht hatten. Eben daran arbeitet auch die zeitgenössische Travenologie. Die namhaften Vertreter der Disziplin haben sich mit einem neu recherchierten Alias-Namen für den Unbekannten in die Annalen des Faches hineingeschrieben – dabei nach dem Prinzip verfahrend: Zuerst wird der Alias-Traven der direkten Konkurrenz demontiert und ad absurdum geführt, dann der eigene Favorit inauguriert, an den entsprechenden weißen Fleck der Traven-Biographie gerückt und aufgebaut.

Auf diese Weise lancierte Lübbe den amerikanischen Theologie-Studenten Charles Trefny in die Travenologie, Heidemann trumpfte mit dem Kaiser auf, Baumann bestritt dem Original die Originalität und kreierte den »Erlebnisträger« (eine Art Souffleur), Wyatt steuerte Otto Feige bei und Guthke führte (last but not least) »Frau E.v.Sternwaldt« als wahrscheinliche Mutter ein.

Für einen eingrenzbaren Personenkreis haben die veröffentlichten travenologischen Ergebnisse und die damit offenbarten Defizite der Traven-Biographie eine Art Aufrufcharakter: Es treten Witwen auf den Plan, die in dem unbekannten Autor ihren zeitlebens zum Vagabundieren neigenden und unterwegs verschollenen Ehemann wiedererkennen. Als Leserbrief-schreiberinnen streiten sie wie die Löwinnen um die Anerkennung als rechtmäßige Traven-Hinterlassene. Der Prozeß der biographischen Detailfindung schafft noch weitere sekundär Betroffene. In der »Deister- und Weserzeitung« (Hameln) vom 9. März 1981 findet sich eine bemerkenswerte Todesanzeige:

Statt Karten

Wallensen, den 6. März 1981

Gutes und Barmherzigkeit
werden mir folgen mein Leben lang,
und ich werde bleiben
im Hause des Herrn immerdar.
Psalm 23,6

In Liebe und Dankbarkeit nehmen wir Abschied von unserer lieben Mutti und Omi, Schwester und Tante

Margarete Henze
geb. Feige

* 14. 12. 1893   † 6. 3. 1981

die letzte Schwester des Schriftstellers
B. Traven alias Otto Feige

In stiller Trauer
im Namen aller Angehörigen

Rolf Henze

Trauerfeier am Dienstag, dem 10. März, um 14.00 Uhr in der Friedhofskapelle Wallensen, anschließend Beisetzung.

Für Verlage birgt Travens legendenumwobenes Image Material für unkonventionelle Werbung und Erklärungen. (Beispielgebend hatte sich ja schon Travens mexikanischer Verleger etwas einfallen lassen.) Mitte der siebziger Jahre besann sich Travens ursprünglicher Stammverlag auf seinen ehemaligen Erfolgsautor und kaufte von der (testamentarisch legitimierten) mexikanischen Witwe die Rechte der deutschsprachigen Verwertung für eine attraktive Summe (informierte Kreise wissen von 1,5 Millionen DM).

Der zuständige Lektor des neuen/alten Traven-Verlages rutschte damit in die seit vielen Jahren vakante Position des Generalbevollmächtigten. Gleich trat er mit einem Heftchen »Neue B. Traven Mitteilungen« an die Öffentlichkeit und wurde Herr über den Zugang zu allen Archivalien. Mit verbindlicher Strenge waltete er dieses Amtes und hielt beharrlich unter Verschluß, was Licht in das biographische Dickicht hätte bringen können. – Mit Bedacht, denn unter den Bewerbern um die Auswertung der papiernen Schätze schaute er aus nach dem einen würdigen (Hof-)Biographen, dem er die Abfassung der einen gültigen Biographie anvertrauen konnte. Es ward der Prinz gefunden, und angemessene Zeit später die baldige Auslieferung des opus magnum angezeigt. Doch dessen Erscheinen verzögerte sich von

Quartal zu Quartal und wurde aufs nächste und übernächste Jahr verschoben. Dem Lektor war dies keineswegs peinlich; vielmehr ließ er besorgt fragende Interessenten auf der Buchmesse vertraulich wissen, es habe da unvorhersehbare Schwierigkeiten gegeben, mysteriöse Vorgänge... das Manuskript habe satzfertig in der Druckerei gelegen, da sei der Karton mit den Original-Vorlagen für die zahlreichen Abbildungen auf unerklärliche Weise verschwunden... 90% des unwiederbringlichen Materials habe man allerdings vorsichtshalber schon im Verlag dupliziert, so ließ sich der Schaden begrenzen ... aber der Zeitverlust ... als dann endlich die neue Fassung in Druck gegangen war, sei plötzlich die Druckerei pleite gegangen... – Eingeweihten wird es mulmig. Da ist er wieder: Der Fluch. Der Fluch lebt noch.

Rolf Recknagel, der Nestor der Travenologie, hatte – noch zu Wieders Lebzeiten – auf der Identität Travens mit Ret Marut insistiert. Der Generalbevollmächtigte sagte ihm daraufhin in seiner letzten Mitteilung »ein bedauernswertes Schicksal« voraus (BT-M Nr. 36, April 1960). Wohl eingedenk der hohen Mortalitätsrate unter den Traven-Forschern erwähnte die Frankfurter Zeitschrift »Wanderbühne« 1982 beiläufig, daß Recknagel Anfang der siebziger Jahre bei einem Verkehrsunfall ums Leben gekommen sei.

Recknagel dementierte betroffen – jedoch, den Unfall mit bleibender Beeinträchtigung seiner Gesundheit hat es gegeben. Gerd Heidemanns abschüssiger Werdegang ist bekannt. Ein weiterer exponierter Travenologe kämpft gegen frühe Herzinsuffizienz.

Verstehen Sie jetzt, daß nie auch nur die Andeutung einer neuen Vermutung über die wahre Identität B. Travens über meine Lippen kommen oder aus meiner Feder fließen wird? Ich werde der Verlockung widerstehen. Ich werde keinen Versuch unternehmen, Travens Geheimnis auf die Schliche zu kommen. Und sollte mir ein unglücklicher Zufall das endgültige Wissen über Travens Identität in die Hände spielen – ich würde schweigen, selbst meinem ärgsten Feinde gegenüber, würde alle Indizien vernichten, alle verräterischen Spuren unkenntlich machen.

Denn ich möchte die Travenologie überleben.

Angelika Machinek

Vita B. Traven

Die Angaben zu den persönlichen Lebensdaten von Marut/Traven stützen sich vor allem auf die Recherchen von Rolf Recknagel und Karl S. Guthke. Doch es bleibt Vorsicht geboten: »Mit letzter Sicherheit läßt sich über ihn nichts sagen.«

1882 Am 25. Februar wurde Ret Marut in San Francisco geboren (laut eigener Aussage gegenüber den Meldebehörden in Düsseldorf und München; die Namen der Eltern gibt Marut mit William und Helene, geborene Ottarrent, an).

1890 Gemäß seinem späteren (ab Mitte der vierziger Jahre verbreiteten) Lebenslauf am 5. März als Sohn von Burton und Dorothy Torsvan, geborene Croves, in Chicago geboren. (Dem Geburtsjahr 1882 ist der Vorzug zu geben.)

1907 Für die Spielzeit 1907/08 ist Ret Marut als Schauspieler am Stadttheater Essen engagiert.

1908 Als Regisseur, »jugendlicher Held und Liebhaber« in Suhl und Ohrdruf (Thüringen). Mitglied des Theaterensembles Hansen-Eng.

1909 Schauspieler am Stadttheater in Crimmitschau (Bezirk Chemnitz), Marut lernt hier Elfriede Zielke kennen. Aufenthalt in Berlin.

1910/ 1911 Ret Marut gehört zusammen mit Elfriede Zielke dem Berliner Ensemble »Neue Bühne« an, einer reisenden Theatertruppe, die in dieser Spielzeit durch die Provinzen Pommern, Ost- und Westpreußen, Posen und Schlesien tingelt; Auftritte vor allem in kleinen Ortschaften.

1911/ 1912 Marut ist als Schauspieler und Tänzer am Stadttheater Danzig engagiert. Am 2. März wird Irene Zielke geboren (die Vaterschaft streitet B. Traven 1948 energisch ab).

1912 Für drei Spielzeiten (bis 1915) arbeitet Marut am Düsseldorfer Schauspielhaus, einer Bühne, die sich unter der Leitung von

76

Louise Dumont-Lindemann und Gustav Lindemann einen hervorragenden Ruf erworben hatte. Marut spielt hier kleine Rollen, redigiert die Theaterzeitung »Masken« und ist Schriftführer der 1914 gegründeten und dem Schauspielhaus angegliederten »Hochschule für Bühnenkunst«. – Erste Publikationen.

Fotografie aus dem Nachlaß. Vermutlich aus der Marut-Zeit.

1914   Trennung von Elfriede Zielke.

1915   Am 25. August bittet Marut um seine Entlassung aus dem Vertrag am Schauspielhaus. Am 10. November meldet er sich bei den Düsseldorfer Behörden ab, am 11. November läßt er sich als Amerikaner und »stud. phil« in München registrieren. Am 24. November meldet sich auch Irene Mermet, ehemalige Schülerin der Düsseldorfer Hochschule für Bühnenkunst und künftig Maruts Mitarbeiterin, in München an.

1916   Unter dem Pseudonym Richard Maurhut publiziert Marut die Novelle »An das Fräulein von S.....« im I. Mermet Verlag, München.

1917   Datiert auf den 1. September erscheint das erste Heft »Der Ziegelbrenner«, »Verantwortlich für Herausgabe, Schriftleitung und Inhalt: Ret Marut, München. Verlag: ›Der Ziegelbrenner‹, München 23«.
Marut beantragt einen US-amerikanischen Paß; der Antrag wird (wie offenbar gleichlautende Gesuche 1914 in Barmen und 1915/16 in Köln) abgewiesen.

1918   Am 7. November wird die Bayerische Republik ausgerufen. Mitte Dezember verbreitet Marut die Rede »Die Welt-Revolution beginnt« als Flugschrift und veranstaltet zwei Vortragsabende unter diesem Motto.

1919   Nach der Ermordung Kurt Eisners (21. Februar) wird Ret Marut in die Presseabteilung des Zentralrates berufen.
7. April: Proklamation der Räterepublik in Bayern. Marut ist Leiter der Presseabteilung des Zentralrates und Sprecher der »Vorbereitenden Kommission zur Bildung des Revolutionstribunals«; er gehört dem Propaganda-Ausschuß der Räteregierung an.
1. Mai: Einmarsch und Sieg der Weißgardisten in München; Ret Marut wird verhaftet, jedoch gelingt ihm die Flucht aus München. Auf der Fahndungsliste des »Bayerischen Polizeiblattes« vom 23. Juni wird Ret Marut als Hochverräter gesucht.
Aufenthalt in Berlin.

1920   Marut und Irene Mermet halten sich im Kölner Raum auf. Kontakte zu dem intellektuellen Kreis um das Autoren-Ehepaar Carl Oskar und Käthe Jatho und zu der Künstlergruppe um den Maler Franz W. Seiwert (1894–1933). »Der Ziegelbrenner« erscheint weiter mit dem Impressum »Ziegelbrenner-Verlag in Deutschland«.

1921   In der Dezember-Nummer des »Ziegelbrenner« (dem letzten der insgesamt 13 edierten Hefte) erscheinen unter dem Titel »Sieben Antlitze der Zeit« Holzschnitte von Seiwert.

1923   Im Sommer verläßt Marut das europäische Festland, im August ist er in London. Dort wird er am 30. November wegen Mißachtung der Meldepflicht für Ausländer in Untersuchungshaft (Gefängnis im Stadtteil Brixton) genommen. Marut gibt in London die Alias-Namen Otto Feige, Albert Otto Max Wienekke, Adolf Rudolf Feige, Barker und Arnolds zu Protokoll.

1924   Am 15. Februar wird Marut aus Brixton entlassen. Im März beantragt er bei der amerikanischen Botschaft die Registrierung als US-Bürger. Am 23. April wird dieser Antrag abgelehnt. Am 17. April heuert Marut als Kohlentrimmer auf der norwegischen »Hegre« an; zwei Tage später läuft die »Hegre« nach Teneriffa aus – Marut ist nicht an Bord.
Im Sommer kommt Marut an der karibischen Küste in Mexiko an. Tagebucheintrag vom 26. Juli: »The Bavarian of Munich is dead.« Er mietet 50 km nördlich des Ölhafens Tampico ein Holzhaus, in dem er in Zukunft (bis 1931) häufig lebt und arbeitet.

1925   Geburtsjahr der Schriftstellerexistenz B. Traven. Im »Vorwärts« erscheint im Februar eine Erzählung Travens, und sein Roman »Die Baumwollpflücker« wird dort vom 21. Juni bis 16. Juli in 22 Fortsetzungen erstveröffentlicht.
Am 15. September sagt Ernst Preczang, der Lektor der 1924 gegründeten Büchergilde Gutenberg, die Buchveröffentlichung der »Baumwollpflücker« zu und fragt nach weiteren Manuskripten; am 19. Oktober bestätigt er die Annahme des »Totenschiffs«.

1926   Als Fotograf und unter dem Namen Torsvan (den er fortan für seine private Existenz in Mexiko führt) nimmt Traven an einer Expedition des Archäologen Enrique Juan Palacios ins südliche Mexiko, nach Chiapas, teil. Am 21. Mai begibt sich das dreißigköpfige Team auf die Reise; Traven trennt sich Ende Juni in San Christobal de Las Casas von der Expedition und reist bis Anfang August allein weiter durch Chiapas.
Als erstes Traven-Buch erscheint »Das Totenschiff« im April bei der Büchergilde; im selben Jahr auch »Der Wobbly«, die auf Buchumfang erweiterte Fassung der »Baumwollpflücker«.
Am 8. August bietet Traven der Büchergilde den »Schatz der Sierra Madre« an; das Manuskript wird angenommen.

1927   Im April erscheint »Der Schatz der Sierra Madre«, und der »Vorwärts« veröffentlicht fortsetzungsweise »Die Brücke im Dschungel« (14.5.–24.6.).
In seiner Zeitschrift »Fanal« fragt Erich Mühsam »Wo ist der Ziegelbrenner?«.
Traven nimmt (als Traven Torsvan) an den sechswöchigen Sommerkursen der Universidad Nacional de Mexico teil; er belegt mexikanische Sprache, Kultur und Geschichte. Aufenthalt in Chiapas.

1928   Januar bis Juni: Reise nach Chiapas, u.a. zu dem Maya-Stamm der Lacandonen an der guatemaltekischen Grenze und zu den Ausgrabungsstätten von Chitza-Itza. Teilnahme an Kursen in lateinamerikanischer Literatur und mexikanischer (Kultur-) Geschichte der Sommeruniversität.
Bei der Büchergilde erscheinen der Erzählband »Der Busch« und die mit von Traven selbst aufgenommenen Fotos bebilderte Reisebeschreibung »Land des Frühlings«.

1929   »Die Brücke im Dschungel« und »Die weiße Rose« erscheinen bei der Büchergilde.
Traven belegt während der Sommeruniversität den Kurs »Historischer Überblick über die mexikanische Kunst«. Von Mitte Dezember bis März 1930 hält er sich in Chiapas auf – dem unerschlossenen Süden Mexikos, von dem er in »Land des Frühlings« berichtet und wo das Geschehen des Caoba-Zyklus angesiedelt ist.

1930   Am 12. Juli erhält Traven eine Ausländerkarte als der nordamerikanische Ingenieur Traven Torsvan. Er bezieht ein kleines Häuschen auf dem Grundstück Parque Cachú am Stadtrand von Acapulco, auf dem die Mexikanerin María de la Luz Martínez Obstanbau und eine Gastwirtschaft betreibt.
Ende des Jahres reist Traven erneut nach Chiapas.

1931   »Der Karren« und »Regierung«, die beiden ersten Bände des Caoba-Zyklus, erscheinen bei der Büchergilde. Im Juni berichtet die Zeitschrift der Büchergilde vom Erfolg der Traven-Bücher; allein vom »Totenschiff« waren bislang über 100000 Exemplare verkauft.
Traven kündigt den »Bungalow« nördlich von Tampico und reist im Oktober wieder nach Chiapas, um Material über die Monterias, die Mahagoni-Betriebe im Dschungel, zu sammeln.

1932   In der Zeitschrift »a bis z«, an deren Herausgabe Franz W.

Seiwert und Heinrich Hoerle beteiligt sind, werden im Mai für »Freunde von Traven« Restexemplare des »Ziegelbrenner« angeboten.

1933 Am 2. Mai wird das Gebäude der Büchergilde Gutenberg in Berlin von SA besetzt; der Verlag wird der Deutschen Arbeitsfront einverleibt. Traven entzieht der Berliner Gilde daraufhin (am 23.5.) alle Rechte an seinen Werken und überträgt sie auf die Büchergilden-Filiale in Zürich, wohin sich die Leitung der Berliner Gilde ins Exil begeben hatte. Der schweizer Mitarbeiter der Büchergilde Zürich Josef Wieder wird Travens Vertreter. Der dritte Band des Caoba-Zyklus, »Der Marsch ins Reich der Caoba«, erscheint als erstes Buch der Büchergilde Zürich.

1934 »The Death Ship«, Marut/Travens erste Buchpublikation außerhalb des deutschsprachigen Buchmarktes, erscheint bei Alfred A. Knopf, New York und Chatto & Windus in London.

1936 Die Bände 4 und 5 des Caoba-Zyklus, »Die Troza« und »Die Rebellion der Gehenkten«, erscheinen in Zürich. Das Aprilheft der Gildenzeitschrift ist dem Jubiläum »10 Jahre Traven« gewidmet.

1937 Travens Manuskript zu »Ein General kommt aus dem Dschungel« ist im Vorstand der Züricher Büchergilde umstritten; Traven wird eine grundlegende Umarbeitung nahegelegt.

1938 Ein solidarischer Brief Travens an die antifaschistischen Spanienkämpfer erscheint in der spanischen Tageszeitung »Solidaridad Obrega« (Barcelona).

1939 Am 14. Januar vollzieht Traven die förmliche Trennung von der Büchergilde Zürich. Josef Wieder scheidet aus der Leitung der schweizer Gilde aus und wird Travens Bevollmächtigter für das europäische Festland. Der letzte Band des Caoba-Zyklus' erscheint als Übersetzung ins Schwedische (»Djungelgeneralen«) bei Holmström in Stockholm.

1940 Der niederländische Exilverlag Allert de Lange (Amsterdam) bringt »Ein General kommt aus dem Dschungel« auf deutsch heraus.

1941 Während der 400-Jahr-Feier der Stadt Morelia (Hauptstadt des Staates Michoacán, Mexiko) wird mit großem Erfolg eine dramatisierte Fassung der »Rebellion der Gehenkten« aufgeführt.

Esperanza López Mateos (die Schwester des späteren mexikanischen Präsidenten) übersetzt »Die Brücke im Dschungel« für die mexikanische Ausgabe. In den folgenden Jahren überträgt sie sieben weitere Bücher Travens ins Spanische und hält als Bevollmächtigte das Copyright für seine Bücher.

Warner Brothers erwirbt die Filmrechte für »Der Schatz der Sierra Madre«.

1942   Traven erhält eine in Acapulco auf den Namen Traven Torsvan ausgestellte Identitätskarte.

1944   Auf einem an Esperanza López Mateos gerichteten Brief (Poststempel vom 29.6.) taucht zum ersten Mal der Name Hal Croves auf, unter dem Traven zukünftig als sein Bevollmächtigter zeichnet und auftritt.

1945   In dem Aufsatz »La tercera guerra mundial« warnt B. Traven in dem November/Dezember-Heft der Zeitschrift »Estudios sociales« (Mexiko-City) vor den Gefahren der Aufrüstung und einem dritten Weltkrieg.

1946   John Huston trifft sich mit Hal Croves in Mexico-City und Acapulco, um die Verfilmung von »Der Schatz der Sierra Madre« zu besprechen.

1947   Im Frühjahr beginnen in Tampico die Dreharbeiten zu »The Treasure of the Sierra Madre«; Drehbuch und Regie John Huston, in den Hauptrollen Humphrey Bogart und Walter Huston. Hal Croves nimmt als Beauftragter des Romanautors regen Anteil an den Dreharbeiten, wehrt sich aber gegen den Verdacht, B. Traven selbst zu sein.

1948   »The Treasure of the Sierra Madre« läuft an. Der Film erhält begeisterte Kritiken und drei Oskars.

Im Juli spürt der mexikanische Journalist Luis Spota Traven in Acapulco auf. Die Zeitschrift »Mañana« bringt am 7. August die Schlagzeile, daß der Gastwirt Berick Traven Torsvan der weltberühmte B. Traven sei. Torsvan dementiert in verschiedenen Blättern.

Preczang schickt einen Brief Irene Zielkes an Traven, in dem sie behauptet, Traven sei ihr Vater, da er mit Ret Marut identisch sei. In seinem Antwortschreiben bestreitet Traven, Ret Marut zu sein.

1950 »Macario« erscheint bei der Züricher Büchergilde.

1951 Ende Januar erscheint die erste Nummer der BT-Mitteilungen, ein hektographiertes (Des-)Informationsblatt in Sachen Traven, das Josef Wieder herausgibt und an die Agenturen des Literaturbetriebs versendet. Am 3. September erhält Traven Torsvan seine Einbürgerungsurkunde als mexikanischer Staatsbürger.
Esperanza López Mateos nimmt sich das Leben.

1952 Rosa Elena Luján wird Travens Mitarbeiterin.

1953 Die New York Times kürt die englische Fassung von »Macario« (»The third guest«) zur besten Kurzgeschichte des Jahres.

1954 »Die Rebellion der Gehenkten«, Drehbuch Hal Croves, wird in Mexiko verfilmt. Hal Croves nimmt als Beauftragter B. Travens aktiv an den Dreharbeiten teil. Am 28. August wird der Film auf der Biennale in Venedig vorgestellt.
Im Spätsommer ist Traven zusammen mit Rosa Elena Luján auf Europa-Reise (Antwerpen, Venedig, Paris, Amsterdam).

1956 Das Copyright an den Traven-Büchern geht auf Rosa Elena Luján über.

1957 Am 16. Mai heiraten Rosa Elena Luján und Hal Croves in San Antonio, Texas. Traven zieht von Acapulco nach Mexiko-City. Dort hat in der Calle Durango 353 auch die »Literary Agency R.E. Luján« ihren Sitz, die Travens Rechte wahrnimmt. Rosa Elena Luján übersetzt in den folgenden Jahren die noch nicht ins Spanische übertragenen Traven-Bücher für die mexikanischen Ausgaben und stellt zwei Erzählbände zusammen.

1958 Am 30. September erscheint im »Börsenblatt für den deutschen Buchhandel« eine Warnung vor falschen Traven-Manuskripten; echt seien nur diejenigen, die Josef Wieder anbiete.
Das Manuskript »Aslan Norval« ist fertiggestellt und wird in den BT-Mitteilungen angekündigt.

1959 »Macario«, Drehbuch Hal Croves, wird in Mexiko verfilmt.
Am 14. September läßt sich Traven wegen seiner fortschreitenden Schwerhörigkeit in Berlin operieren.
Am 1. Oktober wird im City Theater in Hamburg »Das Totenschiff« uraufgeführt. Der Film entstand als Koproduktion der Ufa mit Producciones José Kohn (Mexiko-City), Drehbuch

Hans Jacoby, Regie Georg Tressler, in der Hauptrolle Horst Buchholz. Mrs. und Mr. Croves sind bei der Premiere anwesend.

1960   »Aslan Norval« erscheint bei Desch, nachdem das Manuskript von dem früheren Büchergilden-Lektor Johannes Schönherr stilistisch gründlich überarbeitet worden war. Die Rezensionen fallen zurückhaltend aus.
Im April erscheint die letzte Nummer der BT-Mitteilungen. Josef Wieder stirbt. Travens Vertretung für den deutschen Sprachraum und die sozialistischen Länder übernimmt Theo Pinkus, Zürich.

1961   »Die weiße Rose« wird verfilmt (Drehbuch Philip Stevenson), der Film jedoch erst 1975 zur Aufführung freigegeben.

1963   Gerd Heidemann (»Stern«) recherchiert auf Travens Spuren in Mexiko.
Fritz J. Raddatz (Rowohlt-Lektor) fragt bei Traven an, ob er ihn für den internationalen Prix Formentor vorschlagen dürfe.
Im September Umzug in das (heute noch von Rosa Elena Luján bewohnte) Haus in der Calle Mississippi 61 in Mexiko-City.

1966   Interviews des mexikanischen Reporters Luis Suárez und der amerikanischen Journalistin Judy Stone mit Torsvan Croves. Suárez' Behauptung in »Siempre« (19.10.), Torsvan sei Traven, bleibt undementiert.
Im Dezember ›stellt‹ Gerd Heidemann Traven in Mexico-City. Begleitet von Ferdinand Anton gibt er sich als Archäologe aus und erreicht ein Gespräch mit Torsvan. Im »Stern« heißt es dann, Traven sei ein unehelicher Sohn von Kaiser Wilhelm II.

1967   Die Stockholmer Zeitung »Aftonbladet« setzt sich für die Nobelpreiskandidatur Travens ein.

1969   Am 4. März unterzeichnet Traven sein Testament; er, der 1890 in Chicago geborene Traven Torsvan Croves, habe während seiner schriftstellerischen Laufbahn die Namen B. Traven und Hal Croves geführt. Sein gesamter Besitz und die Rechte an seinem Werk sollen an Rosa Elena Luján fallen.
Am 26. März gegen 18.00 Uhr stirbt Traven Torsvan Croves. Als Todesursache nennt die Sterbeurkunde Nierensklerose und Prostatakrebs. Seine Asche wird vom Flugzeug aus über Chiapas verstreut.
Am 28. März gibt Rosa Elena Luján der Presse bekannt, daß ihr verstorbener Mann mit dem deutschen Schauspieler, Schriftsteller und Revolutionär Ret Marut identisch sei.

Angelika Machinek

B. Traven-Bibliographie

1. Primärliteratur

1.1. Veröffentlichungen von Ret Marut (Rat Marut, Red Marut, Ret Murat; Richard Maurhut; Der Ziegelbrenner)

1.1.1. Veröffentlichungen in Zeitungen, Zeitschriften und Sammelbänden

Wache rrraus! In: Bremer Bürger Zeitung, 28.5.1912.

Der Idiot. In: Düsseldorfer Zeitung. Nr. 391, 2.8.1912 (Unterhaltungsbeilage zur Düsseldorfer Zeitung).

Geschäft ist Geschäft. In: Düsseldorfer General-Anzeiger. Nr. 242, 1.9.1912 (Unterhaltungsbeilage).

(Rat Marut:) Brief nach Berlin. In: Düsseldorfer Zeitung. Nr. 554, 29.10.1912 (Unterhaltungsbeilage zur Düsseldorfer Zeitung).

Theaterdirektor Raßmann. In: Düsseldorfer General-Anzeiger. Nr. 32, 1.2.1913 (Unterhaltungsbeilage) und Nr. 33, 2.2.1913 (Unterhaltungsbeilage).

(Ret Murat:) Ehrlichkeit. Eine Schnurre. In: Düsseldorfer General-Anzeiger. Nr. 35, 4.2.1913 (Unterhaltungsbeilage).

Feststellungen. In: Berliner Tageblatt, 24.3. 1913.

Der verhängnisvolle Mülleimer. In: Frankfurter Zeitung, 20.4.1913; und in: Vorwärts, 8.9.1913.

Das teure Souper. Skizze. In: Düsseldorfer General-Anzeiger. Nr. 123, 4.5.1913 (Unterhaltungsbeilage).

Paradoxa. In: Frankfurter Zeitung, 18.5.1913.

Vom Anschluß. Beobachtungen und Betrachtungen. In: Düsseldorfer General-Anzeiger. Nr. 136, 18.5.1913.

Der goldene Mund. In: Berliner Tageblatt, 9.6.1913; und in: Vorwärts, 20.4.1914.

Die grüngesprenkelte Eule. In: Vorwärts, 10.11.1913 (= spätere Titelerzählung für »Der BLaugetupfte SPerlinG«).

Roter Mohn. In: Vorwärts, 11.12.1913 (unter dem Titel »Malkunst« aufgenommen in »Der BLaugetupfte SPerlinG).

Regie. Aus der Entwicklungs-Geschichte eines Talents. In: Düsseldorfer General-Anzeiger. Nr. 46, 15.2.1914 (Unterhaltungsbeilage).

Der berühmte Schauspieler. In: Düsseldorfer General-Anzeiger. Nr. 68, 9.3.1914; und in:

Münchener Zeitung. Nr. 50, 21.2.1917 (unter dem Titel »Individualität« aufgenommen in »Der BLaugetupfte SPerlinG«).

Das Opernglas. In: Düsseldorfer General-Anzeiger. Nr. 77, 18.3.1914 (Unterhaltungsbeilage).

Akrobaten. In: Vorwärts, 22.6.1914.

Kleines Kerlchen! In: Düsseldorfer Zeitung. Nr. 656, 13.12.1914 (Unterhaltungsbeilage der Düsseldorfer Zeitung).

Mutter Beleke. Skizze. In: Reclams Universum (Leipzig). 31. Jg. (1915) 2. Halbband. H. 42. 22.7.1915, S. 840–841; auch in: Kriegsnovellen. Bd. 7. Leipzig (Reclam) 1916, S. 35–42.

Der fremde Soldat. In: März. 9. Jg. (1915) H. 42. 23.10.1915, S. 50–54.

Geschichten vom Bahnhof. Kriegsskizzen. In: Reclams Universum. 32. Jg. (1915/16) 1. Halbband. 11.11.1915, S. 120–121.

Ungedienter Landsturm im Feuer. In: Westermanns Monatshefte. 60. Jg. Band 119. H. 712. Dezember 1915, S. 602–608 und H. 713. Januar 1916, S. 754–759.

Der Mann an der Fräse. In: Licht und Schatten. 6. Jg. (1915/16) Nr. 11. 1.3.1916, S. 2–3 (unter dem Titel »Die Maschine« aufgenommen in »Der BLaugetupfte SPerlinG«).

Liebe des Vaterlandes. Skizze. In: Reclams Universum. 32. Jg. (1916) 1. Halbband. 2.3.1916, S. 445–449.

Das Mitleid. Skizze. In: Reclams Universum. 32. Jg. (1916) 2. Halbband. 13.4.1916, S. 567–569.

Zwei Väter. In: Der Sammler (Unterhaltungsbeilage der München-Augsburger Abendzeitung). 85. Jg. Nr. 61, 20.5.1916.

Indizien. Essay. In: März. 10. Jg. (1916) H. 21, S. 155–157.

Nebel. In: März. 10. Jg. (1916) H. 27, S. 14–17.

Das Seidentuch. Skizze. In: Reclams Universum. 33. Jg. (1917) 2. Halbband. 16.8.1917, S. 897–898.

Die Klosterfrau. In: Westermanns Monatshefte. 62. Jg. Band 123. H. 738. Februar 1918, S. 689–698.

Presse und Revolution. In: München-Augsburger Abendzeitung. Nr. 104. 5.3.1919, S. 1.

Pressefreiheit oder Befreiung der Presse. In: Münchner Neueste Nachrichten. 72. Jg. Nr. 163. 10.4.1919, S. 1–2.

Sozialisierungsplan für die Presse. In: Münchner Neueste Nachrichten. 72. Jg. Nr. 163. 10.4.1919, S. 4; Nachdruck in: Der Mitmensch. Hefte für sozialistische Literatur. 1. Jg. (1919) H. 2, S. 27–29.

1.1.2. Selbständige Veröffentlichungen

(Richard Maurhut:) An das Fräulein von S..... München (Verlag Irene Mermet) 1916.

Der Ziegelbrenner. München (Verlag Der Ziegelbrenner) 1. September 1917 – 21. Dezember 1921 (40 Nummern in 12 Heften).

Die Totengesänge des Hyotamore von Kyrena. In: Der Ziegelbrenner. 2. Jg. H. 3. 16.3.1918, S. 49–53.

(Der Ziegelbrenner, Hg.:) Der BLaugetupfte SPerlinG. München (Der Ziegelbrenner Verlag) 1919.

Die Weltrevolution beginnt. Flugschrift. München Januar 1919; auch gedruckt in: Der Ziegelbrenner. 3. Jg. H. 15. 30.1.1919, S. 1–13.

Khundar. Das erste Buch. Begegnungen. In: Der Ziegelbrenner. 4. Jg. H. 26/34. 30.4.1920, S. 2–72.

1.1.3. Neuere Textausgaben

Ret Marut: Khundar. Hg. von Max Schmid. Egnach 1963.

Ret Marut/B. Traven: Khundar. Ein deutsches Märchen mit acht farbigen Illustrationen und Buchschmuck von Sybille Zerling. Berlin (Guhl) o.J. [1977].

B. Traven/Ret Marut: Der Ziegelbrenner. Faksimiledruck. Hg. von Max Schmid. Mit einem Nachwort von Rolf Recknagel. Leipzig, Zürich, Hilversum 1967; und Berlin (Guhl) 1976.

B. Traven/Ret Marut: Das Frühwerk. Hg. und mit einem Nachwort von Rolf Recknagel. Berlin (Guhl) 1977.

1.2. Deutschsprachige Veröffentlichungen von B. Traven

1.2.1. Erstveröffentlichungen Travens in Zeitungen, Zeitschriften und Sammelbänden

Wie Götter entstehen. In: Vorwärts, 28.2.1925.

Die Baumwollpflücker. Roman. In: Vorwärts. 21. Juni bis 16. Juli 1925 (22 Fortsetzungen).

Die Gründung des Aztekenreiches. In: Vorwärts, 7.8.1925.

Die Geschichte einer Bombe. In: Simplicissimus. 30. Jg. (1925) H. 20, S. 290–292.

Die Dynamitpatrone. In: Jugend. 30. Jg. (1925) H. 48, S. 1157.

Götter der alten Mexikaner. In: Vorwärts, 14.3.1926.

Mein Roman »Das Totenschiff«. In: Die Büchergilde (Berlin). 1926. H. 3, S. 34–38.

Die Medizin. In: Die Büchergilde (Berlin). 1926. H. 3, S. 40–45.

Nachttänze der Indianer. Erzählung. In: Das Buch für alle (Stuttgart). 58. Jg. (1926) H. 7, S. 156.

Im tropischen Busch. In: Westermanns Monatshefte. 71. Jg. (1926) H. 839, S. 525–536.

Der Eselskauf. Ein humoristisches Erlebnis. In: Das Buch für alle. 59. Jg. (1927) H. 1, S. 14–16.

Ein Hundegeschäft. Humoristische Erzählung. In: Das Buch für alle. 59. Jg. (1927) H. 2, S. 43–44.

Die Brücke im Dschungel. In: Vorwärts. 44. Jg. (1927) 14. Mai bis 17. Juni 1927.

Abmarsch vom Indianerfest. In: Die Büchergilde (Berlin). 1927. H. 11, S. 169–171 (= Auszug aus »Land des Frühlings«).

Der Bungalow. In: Die Büchergilde (Berlin). 1928. H. 2, S. 19–22, S. 32.

Traven über sein Buch »Die Brücke im Dschungel«. In: Die Büchergilde (Berlin). 1929. H. 3, S. 35–37.

Bilder zum Roman »Die weiße Rose«. In: Die Büchergilde (Berlin). 1929. H. 10, S. 147–154.

Amerika, das gelobte Land der Freiheit. In: Die Büchergilde (Berlin). 1930. H. 1, S. 12–14.

Frauen, Kinder, Tiere. In: Die Büchergilde (Berlin). 1930. H. 2, S. 17–24.

Eine Carreta. In: Die Büchergilde (Berlin). 1930. H. 11, S. 163, 166, 168, S. 173–174.

Totenschiff mit happy end? In: Die Büchergilde (Berlin). 1931. H. 6, S. 191.

Der Roman »Regierung«. In: Die Büchergilde (Berlin). 1931. H. 9, S. 260–261.

Anton Zischka schreibt ein Buch. In: Büchergilde (Zürich). 1935. H. 5, S. 76–80.

Bilder aus dem »Reich der Caoba«. In: Büchergilde (Zürich). 1936. H. 1, S. 1–9.

Bilder aus Mexiko. In: Büchergilde (Zürich). 1936. H. 4, S. 49–67.

Dennoch eine Mutter. Erzählung. In: Neue Illustrierte (Köln). 6. Jg. 9.5.1951, S. 25–27, 29–30, 35.

Der Künstler. In: Wieder u.a. (Hg.): BT-Mitteilungen. Nr. 12. Dezember 1953.

Die mexikanische Nationaltracht. In: Wieder u.a. (Hg.): BT-Mitteilungen. Nr. 20. Februar 1956.

Trümpfe in der Hand. In: Schwarzer Faden (Grafenau). 1986. Nr. 22, S. 38–40.

Urfassung des ›Totenschiffs‹. In: Karl S. Guthke: B. Traven. Biographie eines Rätsels. Frankfurt/M., Olten, Wien (Büchergilde Gutenberg) 1987, S. 658–691.

Anfang eines Romans. In: Guthke: B. Traven. Biographie eines Rätsels. A.a.O., S. 701–731.

›Kunst der Indianer‹: Der Künstler. In: Guthke: B. Traven. Biographie eines Rätsels. A.a.O., S. 758–780.

1.2.2. Buchveröffentlichungen von B. Traven

Das Totenschiff. Die Geschichte eines amerikanischen Seemanns.
Berlin (Büchergilde Gutenberg) 1926. Berlin, Leipzig (Buchmeister-Verlag) 1926. Berlin (Universitas) 1930. Zürich (Büchergilde Gutenberg) 1937 [= Übersetzung aus d. Englischen von Wilhelm Ritter]. Tenalfy, N.J. (H. Fel. Kraus) 1946. Hamburg (Wolfgang Krüger Verlag) 1948. Wien (Wiener Volksbuchverlag) 1948. Frankfurt/M. (Büchergilde Gutenberg) 1952 [= Übersetzung aus d. Englischen von Bruno Skibbe]. Hamburg (Rowohlt) 1954 (= rororo 126). B. Travens Totenschiff. Schauspiel in vier Akten von H. Croves und R.E. Luján. Zürich (Europa-Verlag) 1955. Berlin (Verlag Tribüne) 1957. Hamburg (Wolfgang Krüger Verlag) 1958 (= gekürzte Ausgabe). Gütersloh (Bertelsmann Lesering) 1960. Berlin (Volk und Welt) 1962 (= gekürzte Ausgabe). Leipzig (Philipp Reclam jun.) 1967. Frankfurt/M., Wien, Zürich (Büchergilde Gutenberg) 1980. Zürich (Diogenes) 1982. Zürich (Diogenes) 1983 (= detebe 21098).

Der Wobbly.
Berlin, Leipzig (Buchmeister-Verlag) 1926.

Die Baumwollpflücker.
Berlin, Leipzig (Buchmeister-Verlag) 1929. Berlin (Universitas) 1931. Zürich (Büchergilde Gutenberg) 1945. Berlin (Universitas) 1950. Berlin (Verlag der Nation) 1954. Berlin (Volk und Welt) 1962. Reinbek (Rowohlt) 1962 (= rororo 509). Frankfurt/M., Wien, Zürich (Büchergilde Gutenberg) 1981. Zürich (Diogenes) 1982. Zürich (Diogenes) 1983 (= detebe 21099). Berlin (Volk und Welt, Roman-Zeitung 439) 1986.

Der Schatz der Sierra Madre.
Berlin (Büchergilde Gutenberg) 1927. Berlin (Buchmeister-Verlag) 1930. Berlin (Universitas) 1930. Zürich (Büchergilde Gutenberg) 1942 [= Übersetzung aus d. Englischen von Rudolf Bertschi]. Berlin (Universitas) 1949. Wien (Wiener Volksbuchverlag) 1949. Frankfurt/M. (Büchergilde Gutenberg) 1954 [= Übersetzung aus

d. Englischen von Bruno Skibbe]. Berlin (Verlag der Nation) 1955. Gütersloh (Mohn) 1961. Berlin (Volk und Welt, Roman-Zeitung) 1964. Frankfurt/M., Wien, Zürich (Büchergilde Gutenberg) 1978. Zürich (Diogenes) 1982. Zürich (Diogenes) 1983 (= detebe 21101). Reinbek (Rowohlt) 1983 (= rororo 5274).

Der Busch.
Berlin (Büchergilde Gutenberg) 1928. Berlin (Büchergilde Gutenberg) 1930 (= erweiterte Fassung).

Land des Frühlings.
Berlin (Büchergilde Gutenberg) 1928. Zürich, Wien, Prag (Büchergilde Gutenberg) 1936 (= stark gekürzte Ausgabe). Frankfurt/M., Olten, Wien (Büchergilde Gutenberg) 1982 [= 2 Bde + 1 Bd. Anhang mit Textvarianten]. Zürich (Diogenes) 1984 (= detebe 21230).

Die Brücke im Dschungel.
Berlin (Büchergilde Gutenberg) 1929. Zürich (Büchergilde Gutenberg) 1949. Berlin (Universitas) 1955 [= vom Autor überarbeitete Fassung]. Frankfurt/M. (Büchergilde Gutenberg) 1955 (= Übersetzung aus d. Amerikanischen von Werner Preußer). Reinbek (Rowohlt) o.J. (= rororo 764). Berlin (Volk und Welt) 1967. Frankfurt/M., Wien, Zürich (Büchergilde Gutenberg) 1981. Zürich (Diogenes) 1982. Zürich (Diogenes) 1983 (= detebe 21100).

Die weiße Rose.
Berlin (Büchergilde Gutenberg) 1929. Berlin (Buchmeister-Verlag) 1931. Berlin (Universitas) 1931. Tenafly, N.J. (H. Fel. Kraus) 1946. Hamburg (Wolfgang Krüger Verlag) 1951. Reinbek (Rowohlt) 1962 (= rororo 488). Frankfurt/M., Wien, Zürich (Büchergilde Gutenberg) 1978. Zürich (Diogenes) 1982. Zürich (Diogenes) 1983 (= detebe 21102).

Der Karren.
Berlin (Büchergilde Gutenberg) 1931. Berlin (Buchmeister-Verlag) 1932. Berlin (Universitas) 1953 (Die Carreta). Berlin (Volk und Welt) 1954. Berlin (Volk und Welt, Roman-Zeitung 222) 1967. Reinbek (Rowohlt) o.J. (= rororo 593). Frankfurt/M., Wien, Zürich (Büchergilde Gutenberg) 1977 (Die Carreta). Zürich (Diogenes) 1982 (Die Carreta). Zürich (Diogenes) 1983 (Die Carreta, detebe 21105).

Regierung.
Berlin (Büchergilde Gutenberg) 1931. Berlin (Buchmeister-Verlag) 1933. Zürich (Europa-Verlag) 1933. Frankfurt/M. (Europäische Verlags-Anstalt) 1960. Berlin (Volk und Welt) 1964. Frankfurt/M., Wien, Zürich (Büchergilde Gutenberg) 1977. Zürich

(Diogenes) 1982. Zürich (Diogenes) 1983 (= detebe 21104).

Der Marsch ins Reich der Caoba. Ein Kriegsmarsch.
Zürich, Wien, Prag (Büchergilde Gutenberg) 1933. Hamburg (Wolfgang Krüger Verlag) 1950 (Caoba). Berlin (Volk und Welt) 1954 (= gekürzte Ausgabe). Berlin (Volk und Welt) 1965. München (Heyne) o.J. (= Heyne Allg. Reihe 0786). Frankfurt/M., Wien, Zürich (Büchergilde Gutenberg) 1977. Zürich (Diogenes) 1982. Zürich (Diogenes) 1983 (= detebe 21106).

Die Troza.
Zürich, Wien, Prag (Büchergilde Gutenberg) 1936. Berlin (Volk und Welt) 1954 (Trozas, gekürzte Ausgabe). Frankfurt/M. (Europäische Verlags-Anstalt) 1959 (Trozas). Berlin (Volk und Welt) 1965. München (Heyne) o.J. (= Heyne Allg. Reihe 0687, Trozas). Frankfurt/M., Wien, Zürich (Büchergilde Gutenberg) 1981 (Trozas). Zürich (Diogenes) 1982 (Trozas). Zürich (Diogenes) 1983 (Trozas, detebe 21107).

Die Rebellion der Gehenkten.
Zürich, Wien, Prag (Büchergilde Gutenberg) 1936. Hamburg (Europäische Verlags-Anstalt) 1950. Berlin (Volk und Welt) 1956 (= gekürzte Ausgabe). München (Heyne) 1962 (= Heyne-Bücher 69). Berlin (Volk und Welt) 1966. Frankfurt/M., Wien, Zürich (Büchergilde Gutenberg) 1980. Zürich (Diogenes) 1982. Zürich (Diogenes) 1983 (= detebe 21108).

Sonnenschöpfung. Indianische Legende.
Zürich, Wien, Prag (Büchergilde Gutenberg) 1936. Zürich (Europa-Verlag) 1956. Hannover (Fackelträger-Verlag) 1960.

Ein General kommt aus dem Dschungel.
Amsterdam (Allert de Lange) 1940. Köln, Berlin (Kiepenheuer) 1950. Berlin (Volk und Welt) 1957. Berlin (Volk und Welt, Roman-Zeitung 133) 1960. Frankfurt/M., Wien, Zürich (Büchergilde Gutenberg) 1981. Zürich (Diogenes) 1982. Zürich (Diogenes) 1983 (= detebe 21109).

Macario.
Zürich (Büchergilde Gutenberg) 1950 (aus d. Englischen von Hans Kauders). Gütersloh (Bertelsmann Lesering) 1961 (Neubearbeitung des Verfassers).

Der Banditendoktor. Mexikanische Erzählungen.
Frankfurt/M., Hamburg (Fischer) 1955 (= Fischer Bücherei 80). Berlin (Verlag Tribüne) 1957. Zürich (Limmat-Verlag) 1957. Frankfurt/M. (Europäische Verlags-Anstalt) 1959. Frankfurt/M., Wien, Zürich (Büchergilde Gutenberg) 1980. Zürich

(Diogenes) 1982. Zürich (Diogenes) 1983 (= detebe 21112).

Der dritte Gast und andere Erzählungen.
Frankfurt/M. (Europäische Verlags-Anstalt) 1958. Berlin (Volk und Welt) 1958. Zürich (Limmat-Verlag) 1958.

Aslan Norval. Roman.
Wien, Zürich, Basel (Kurt Desch) 1960. Frankfurt/M., Wien, Zürich (Büchergilde Gutenberg) 1978. Zürich (Diogenes) 1982. Zürich (Diogenes) 1983 (=detebe 21104).

Nachtbesuch im Busch. Mexikanische Erzählungen.
Zürich (Diogenes) 1967.

Erzählungen.
Berlin (Volk und Welt) 1968.

Der Schatz der Sierra Madre. Die Baumwollpflücker. Die Brücke im Dschungel. 3 Romane.
Berlin (Universitas) 1978.

Die Geschichte vom unbegrabenen Leichnam. Erzählungen.
Frankfurt/M., Wien, Zürich (Büchergilde Gutenberg) 1980. Zürich (Diogenes) 1982. Zürich (Diogenes) 1983 (= detebe 21110).

Ungeladene Gäste. Erzählungen.
Frankfurt/M., Wien, Zürich (Büchergilde Gutenberg) 1980. Zürich (Diogenes) 1982. Zürich (Diogenes) 1983 (=detebe 21111).

Die besten Geschichten.
Zürich (Diogenes) 1985.

Aus dem Land des Frühlings. Auszüge, Aufsätze, Auskünfte. Hg. von H.D. Tschörtner.
Berlin (Volk und Welt) 1986.

Werkausgabe B. Traven. Hg. von Edgar Päßler.
Frankfurt/M., Wien, Zürich, Olten (Büchergilde Gutenberg) 1977–1982. 18 Bände. Lizenzausgaben dieser Werkausgabe erschienen in Zürich (Diogenes) 1982 und 1983 (Taschenbuch-Ausgabe) und in Frankfurt/M. (Europäische Verlags-Anstalt, ed. büchergilde).

2. Sekundärliteratur

Alo: Geheimnis um den Autor des »Totenschiffs«. Film mit langer Vorgeschichte – Wer ist B. Traven? In: Der Tagesspiegel, 18.10.1959.

Amendt, Günter: Mexiko, das Land des Frühlings. In: Literatur Konkret: Form und Widerstand. 1983/84. H. 8, S. 64–67.

Anderle, Hans Peter: Ein Pseudonym als Tarnkappe. In: Der Literat. 11. Jg. H. 5, 20.5.1969.

Antkowiak, Alfred: Traven – neu aufpoliert? Diskussion um Traven (I). In: Sonntag (Berlin, DDR), 13.3.1955.

Anton, Ferdinand: Diese Männer wollen nichts miteinander zu tun haben... Aber Traven sind sie alle. Ret Marut. B. Traven. Traven Torsvan. Hal Croves. In: m. 1970, Nr. 5.

AP: Autor des »Totenschiffs« sollte Priester werden. Ist das Rätsel um B. Traven gelöst? In: Neue Westfälische, 21.12.1978.

as [d.i. Alexander Abusch]: Ein höchst problematischer Autor. Neue Aufschlüsse und neue Rätsel um B. Traven. In: Die Welt, 16.10.1948.

Backhausen, Manfred: Traven und Lebius. In: Mitteilungen der Karl-May-Gesellschaft. 16. Jg. (1984) H. 60, S. 35–36.

Baumann, Michael L.: B. Traven. An Introduction. Albuquerque (University of New Mexico Press) 1976.

Baumann, Michael L.: B. Traven: Realist and Prophet. In: The Virginia Quarterly Reviews. 53. Jg. (1977), S. 73–85.

Baumann, Michael L.: B. Traven. In: Leonard S. Klein (Hg.): Encyclopedia of World Literature in the 20th Century. 4 Bde. Bd. 4. New York (Frederick Ungar Publishing) 1984, S. 463–465.

Baumann, Michael L.: Nochmals: Wer hat die Werke von B. Traven verfaßt? In: Tages-Anzeiger (Zürich), 29.4.1987.

Baumann, Michael L.: The Question of Idioms in B. Traven's Writings. In: The German Quarterly. Spring 1987, S. 171–191.

Beaugrand, G.: Wer ist B. Traven? In: Das 20. Jahrhundert (Berlin), 6.4.1950.

Beck, Johannes / Bergmann, Klaus / Boehncke, Heiner (Hg.): Das B. Traven-Buch. Reinbek 1976.

Beck, Johannes / Bergmann, Klaus / Boehncke, Heiner: Einleitung. In: Beck u.a. (Hg.): Das B. Traven-Buch, S. 10–20.

Beckelmann, J.: Die Kunst des Aufschreibens. Zu vier Mexiko-Romanen von Bruno Traven. In: Deutsche Woche (München), 14.11.1956.

Bengel, Michael: Ein Revolutionär auf der Flucht. In: Kölner Stadtanzeiger, 21.1.1978.

Bergmann, Klaus: Der Kreis schließt sich. Dossier über die Entstehung des Mythos B. Traven. In: Beck u.a. (Hg.): Das B. Traven-Buch, S. 21–85.

Bergmann/Boehncke: B. Traven, ein heißer Tip für den Deutschunterricht. In: Jahrbuch für Lehrer 1977.

Bi: Das Totenschiff. In: Die Linkskurve. 1931. H. 9, S. 23–24.

Bielefeld, Claus-Ulrich: Besuch verboten! Über einen geheimnisvollen Revolutionär, Journalisten und Bestsellerautor. In: Literatur Konkret, Frühjahr 1978.

Bittner, Wolfgang: Auf den Spuren des Schriftstellers B. Traven. In: Der Wegweiser. 31.Jg. (1979) Nr. 3, S. 13–15.

Bittner, Wolfgang: Mutmaßungen über einen Autor. Ein Versuch, Fakten und Erkenntnisse über B. Traven zu ordnen. In: Vorwärts, 18.3.1982.

Blanck, Karl: B. Traven: Die weiße Rose. In: Weltstimmen. H. 12. Dezember 1931, S. 536–542.

Blass, Ernst: Traven. In: Die literarische Welt (Berlin). 1931. H. 29, 17.7.1931.

Blume, Mary: Clearing up the Mysteries of Author B. Traven. In: Los Angeles Times, 19.7.1970.

Bodensiek, K.H.: B. Traven – Aufhellungen eines geheimnisvollen Dichterlebens. In: Der Literat. 20. Jg. (1978) H. 3, S. 53.

Boehncke, Heiner / Kluge, Alexander: Die Rebellion des Stoffs gegen die Form und der Form gegen den Stoff: Der Protest als Erzähler. In: Beck u.a. (Hg.): Das B. Traven-Buch, S. 338–347.

Boehncke, Heiner / Bergmann, Klaus: Lesen ist Urlaub: B. Traven – ein Schriftsteller, der seine Hoffnungen und Ängste mit denen verbunden hat, über die er schreibt. In: metall. Nr. 13–14, Juli 1978.

Bohnen, Uli: Traven und die rheinischen Progressiven. – 1.Die Kölner Gruppe. WDR III, 17.3.1979, 18.00–18.30. – 2.Die bayerische Revolution. WDR III, 31.3.1979, 18.00–18.30. – 3.Von München nach Köln. WDR III, 14.4.1979, 18.00–18.30. – 4.Der Ziegelbrenner. WDR III, 28.4.1979, 18.00–18.30.

Bohnen, Uli / Backes, Dirk: Der Schritt, der einmal getan wurde, wird nicht zurückgenommen. Franz W. Seiwert. Schriften. Berlin (Karin Kramer Verlag) 1978.

Bohnen, Uli: Franz W. Seiwert: Leben und Werk. Kölnischer Kunstverein, Köln 1978.

B.R.: Travens Leben – ein Buch mit sieben Siegeln. In: Die Tat (Zürich), 1.6.1966.

Br.: Das Geheimnis. In: Frankfurter Allgemeine Zeitung, 3.5.1967.

Brandt, Thomas O.: Tropisches KZ. In: Deutsche Rundschau. 87. Jg. (1961) H. 3, S. 282–283.

Brech, Karl: B. Traven. In: Literatur-Revue (Würzburg). 1962. H. 4, S. 5.

Aus dem Briefwechsel zwischen B. Traven und Ernst Preczang. In: Bücher voll guten Geistes. Vierzig Jahre Büchergilde Gutenberg 1924–1964. Frankfurt/M. 1964, S. 17–28.

Brumm, Dieter: Eine Legende wird entschlüsselt. Auf den Spuren von B. Traven. In: Süddeutsche Zeitung, 23.12.1982.

Die Büchergilde. Zeitschrift der Büchergilde Gutenberg. Berlin 1926–1933.

Buekschmitt, Carl Justus: »Rebellionen müssen sein«. B. Traven schickte aus Mexiko zwei neue Romane. In: Welt am Sonntag, 15.10.1950.

Büttner, Edgar: Das Ende einer Legende. In Mexiko starb der geheimnisvolle Schriftsteller B. Traven. In: Die Abendzeitung, 28.3.1969.

Bunzl, Joseph: Ich lese Traven. In: Die Büchergilde (Berlin). 1932. H. 12, S. 207.

Chankin, Donald O.: Anonymity and Death. The Fiction of B. Traven. Pennsylvania State University Press 1975.

Charol, M.: Das Totenschiff, Roman. Von B. Traven. In: Literatur. 33. Jg. (1931) H. 4, Januar 1931.

Cordan, Wolfgang [d.i. Heinrich Wolfgang Horn]: Ben Traven – Ende der Legenden. In: Frankfurter Allgemeine Zeitung, 29.6. 1957.

Cordan, Wolfgang: Ben Traven-Torsvan. Ein Schriftsteller und seine Trommler. In: Die Kultur, 15.10.1958.

Cordan, Wolfgang: Geheimnis im Urwald. Entdeckungen auf den Spuren der Mayas. Düsseldorf 1959, S. 27–31.

Cube, Alexander v.: Noch fehlt Travens Testament. Einige Anmerkungen zur Veröffentlichung von B. Travens Roman »Das Totenschiff«. In: Vorwärts, 11.9.1959.

Damann, Günter: Ret Marut/B. Traven und die Entstehung des erzählerischen Werks aus der Zeitschrift. In: Welt und Roman. Visegráder Beiträge zur deutschen Prosa zwischen 1900 und 1933, S. 321–332.

Delling, Manfred: Tressler auf dem falschen Dampfer. Sein »Totenschiff« enttäuschte. In: Die Welt, 3.10.1959.

Diederichs, F.: B. Traven: Die Brücke im Dschungel. In: Bücherwarte. 1929. H. 12 (Dezember).

Diederichs, F.: B. Traven: Der Karren. In: Bücherwarte. 1931. H. 2 (Februar).

Döring, Werner: Das Abenteuer. London, Traven und Conrad. In: Die Tat. 24. Jg. (1932) H. 8 (November), S. 703–710.

Döring-Selinger, Berta: Der »Ziegelbrenner« B. Traven. Ein Beitrag zum Thema Traven-Marut. In: Die Andere Zeitung (Hamburg), 26.4.1962.

Dreifke, Max: Auf Traventhal schaut die Welt. In: Segeberger Zeitung, 12.11.1987.

Düby, Gertrude: Auf der Suche nach Traven. In: Sonntag (Berlin, DDR), 1.2.1948.

Eckart, Dietrich: Das Satirspiel »Der Ziegelbrenner«. In: Deutsches Volkstum (Deutschnationale Verlagsanstalt, Hamburg). 1918. H. 5 und H. 6.

Eggeling, Thomas P.: Geschichten von der Würde des Menschen. Travens Erzählungen reizen zum Lachen und machen betroffen. In: Die Tat. Nr. 31. 31.7.1981, S. 16.

Eik, J.: Eine literarische Kostbarkeit. Der Ziegelbrenner. In: Berliner Zeitung (DDR), 10.9.1967.

Eiselt, G.: Revolutionär der Proleten – B. Traven. In: Publikation (Bremen). 1964, H. 1.

Engelhard, Günther: Der arme Mann von Köln. Franz Seiwert-Retrospektive im Kölnischen Kunstverein. In: Deutsche Zeitung, 10.2.1978.

Engels, Günther: Der Schatz des B. Traven kam zurück an den Rhein. In: Kölnische Rundschau, 27.1.1978.

Engels, Günther: Legende ohne Ende. In: Rheinischer Merkur, 3.2.1978.

Eppelsheimer, Hanns Wilhelm: Traven. In: Handbuch der Weltliteratur. Bd. 2. Frankfurt/M. 1950, S. 317–318.

-eu-: Nach Hesse eine amerikanische Traven-»Hausse«? In: Die Tat (Zürich), 18.12. 1971.

Ertl, Eric: Heimatlose unterwegs: eine Welt zu gewinnen? In: Beck u.a. (Hg.): Das B. Traven-Buch, S. 201–214.

Eßbach, Wolfgang: Das Prinzip der namenlosen Differenz. Gesellschafts- und Kulturkritik bei B. Traven. In: Beck u.a. (Hg.): Das B. Traven-Buch, S. 362–403.

Fabian, Walter: B. Traven: Die weiße Rose. In: Bücherwarte. H. 4. April 1930, S. 49–50.

Fähnders, Walter / Rector, Martin: Linksradikalismus und Literatur. Reinbek 1974, S. 309–319.

Fallen de Droog, Ernst: Wer ist B. Traven? In: Deutsche Volkszeitung, 19.5.1967.

Fallen de Droog, Ernst: Travens Tod. In: Der Monat. 19. Jg. H. 228, September 1967.

Filmreport: Traven und die mexikanische Zensur. In: Die Welt, 27.9.1969.

Fischer, Peter: Der weltbekannte Unbekannte. Die biographischen Rätsel des Erfolgsautors B. Traven. In: Der Morgen (Berlin, DDR), 5./6.4.1969.

Franz, Alfred: Der geheimnisvolle Traven. In: Bücherei und Bildung (Buch und Bibliothek, Bremen). 2. Jg. (1949/50), S. 598–604.

Funke, Ch.: Aufbruch der Mahagonysklaven. In: Der Morgen (Berlin, DDR), 4.2.1958.

Gale, Gerard [d.i. Max Schmid]: Einleitung und Nachwort. In: Ret Marut: Khundar. Egnach 1963, S. I–III und S. 73–103.

Gale, Gerard: Der geheimnisvolle B. Traven. Die Lebensgeschichte eines anonymen Schriftstellers. In: Tages-Anzeiger (Zürich), 2.11.1963; 9.11.1963; 16.11.1963; 30.11.1963; 7.12.1963; 14.12.1963; 28.12. 1963; 4.1.1964.

Gaudat, Fred: Achtung! Pistoleros! In: Wieder u.a. (Hg.): BT-Mitteilungen. Nr. 32. Dezember 1958.

Geißler, F.A.: Bedenkliches Literatentum. In: Das Größere Deutschland (Berlin). 1918. H. 22, S. 701.

Georg, Manfred: Kennen Sie B. Traven? In: Die Weltbühne. 25. Jg. (1929) H. 39, S. 484–487.

Gerstl, Max: Die Münchener Räte-Republik. München 1920, S. 29–31.

Glaeser, Ernst: Traven schoß am Ziel vorbei. Neuer Roman des weltbekannten »Totenschiff«-Autors. In: Welt am Sonntag, 8.5.1960.

Glenewinkel, Werner / Hennings, Werner: Anpassung oder Widerstand? Ein Arbeitsbuch zu technischem Fortschritt und gesellschaftlichem Wandel am Beispiel B. Traven »Die weiße Rose«. Arbeitsmaterialien aus dem Bielefelder Oberstufen-Kolleg (AMBOS). Bd. 13. Bielefeld 1982.

Glenewinkel, Werner / Hennings, Werner: B. Traven im Unterricht. Ambos-Diskussionspapiere Nr. 9. Bielefeld 1982.

Glenewinkel, Werner / Hennings, Werner: Bücher aus der Schule des Lebens. In: Neue Westfälische, 25.2.1982.

GoBo: B. Traven – Geheimnis enthüllt? Intermezzo-Fernsehreihe bringt neue Recherchen. In: Welt der Arbeit. Nr. 18. 5.5.1967.

Gottgetreu, Erich: Pioniere für Travens Ruhm. In: Die Welt, 16.4.1969.

Gottschalk, Rudolf: B. Traven zum achtzigsten Geburtstag. Alte und neue Indizien um das Geheimnis Traven. In: Die Andere Zeitung, 22.2. und 1.3.1962.

Gottschalk, Rudolf: Das Rätsel um B. Traven ist längst gelöst. In: Die Andere Zeitung, 9.3.1967.

Gottschalk, Rudolf: Ich glaube nicht mehr an Traven. In: Die Andere Zeitung, 23.5. 1968.

Graf, Oskar Maria: Wer ist B. Traven? Neue Dokumente über den geheimnisvollsten Schriftsteller der Welt. In: Du (Karlsruhe), 28.6.1948.

Graf, Oskar Maria: Gelächter von außen. München 1966, S. 103–105.

Graf, Oskar Maria: Wer war B. Traven? Aus dem Nachlaß Oskar Maria Grafs. In: Aufbau (New York), 11.4.1969.

Gramer, Alfred: Kennen Sie Bruno Traven? In: Coburger Neue Presse, 3.10.1946.

Gramer, Alfred: Wer ist Bruno Traven? In: Der Sozialdemokrat (Berlin), 18.10.1947.

Gramer, Alfred: Ein Mann namens Traven. In: Der Start (Berlin), 17.6.1949.

Grant, Per [d.i. Ernst Preczang]: Der Dichter der Indios. In: Volkswacht (Zürich), 21.3.1936.

Grisar, Erich: Wer ist B. Traven? In: Hessische Nachrichten, 26.7.1947.

Grünwald, Leopold: Traven nicht mehr geheim. In: Volksstimme (Wien), 14.1.1967.

Guthke, Karl S.: Exil im Exil. B. Traven in Mexiko. In: Exile and Enlightenment, Studies in Honor of Guy Stern. Detroit 1987, S. 199–206.

Guthke, Karl S.: B. Traven – »Das Geheimnis des Jahrhunderts entdeckt« – und rätselvoller denn je. In: Schweizer Monatshefte. 62. Jg. April 1982. H. 4, S. 347–356.

Guthke, Karl S.: »Das Geheimnis um B. Traven entdeckt« – und rätselvoller denn je. Frankfurt/M., Wien, Olten 1983.

Guthke, Karl S.: Die Metamorphose eines Expressionisten. B. Travens Anfänge. In: Zeitschrift für deutsche Philologie. 1984. H. 103, S. 538–551.

Guthke, Karl S.: B. Traven. Biographie eines Rätsels. Frankfurt/M., Olten, Wien 1987.

Gutierrez, Donald: The maze in the mind and the world. Labyrinths in modern literature. Troy, New York (Whitston Publ. Comp.) 1985.

Hackert, Fritz: Traven längst entdeckt. In: Die Zeit, 28.5.1967.

Hagemann, E.R.: A checklist of the Works of B. Traven and the Critical Estimates and Biographical Essays on Him, Together with a Brief Biography. In: Papers of the Bibliographical Society of America. 53. Jg. (1959), S. 37–67.

Hausmann, Manfred: Traven. In: Das Tagebuch (Berlin). 12. Jg. (1931) H. 31, S. 1228 bis 1229.

Hays, H.R.: The Importance of B. Traven. In: Chimera. Princeton (N.J.) 1946, S. 44–54.

[Heidemann, Gerd]: Das Rätsel Traven gelöst. In: Stern, 25.8.1963.

Heidemann, Gerd: Wer ist der Mann, der Traven heißt? In: Stern, 7.5.1967.

Heidemann, Gerd: Ich fand B. Traven. Die Geschichte einer abenteuerlichen Reportage. In: Konkret. Nr. 6, Juni 1967; Nr. 7, Juli 1967; Nr. 8, August 1967; Nr. 9, September 1967.

Heidemann, Gerd: »Er ist der Sohn des Kaisers«. In: Stern, 13.4.1969.

Heidemann, Gerd: Postlagernd Tampico. Die abenteuerliche Suche nach B. Traven. München 1977.

Helms, Hans G: Die Ideologie der anonymen Gesellschaft. Köln 1966, S. 167–171.

Helwig, Werner: Das Totenschiff nahm ihn an Bord. In: Die Tat (Zürich), 19.4.1969, S. 40.

Hermosillo, Jesús Sánchez: Sólo la muerte reveló el misterio. In: Impacto (Mexiko), 16.4.1969, S. 40–44.

Hetmann, Frederik [d.i. Hans Christian

Kirsch]: Der Mann, der sich verbarg. Nachforschungen über B. Traven. Stuttgart 1983.

H.H.V.: Der Ziegelbrenner. In: Der freie Arbeiter. Publikationsorgan der kommunistischen Anarchisten Deutschlands (Berlin). 13. Jg. (1920). Nr. 17.

Humphrey, Charles R.: B. Traven. An Examination of the Controversy over His Identity with an Analysis of His Major Work and His Place in Literature. Austin (Phil. Diss.) 1967.

Italiaander, Rolf: Traven oder die Flucht vor dem Ruhm. In: Die Welt, 23.9.1948.

Jaesrich, Hellmut: Die Liebe zum Pseudonym oder Das Geheimnis um B. Traven. In: Der Monat. Nr. 277. Okt., Nov., Dez. 1980, S. 125–128.

Jaesrich, Hellmut: Stromer mit goldenem Herzen. Das Geheimnis hinter dem Namen. In: Die Welt, 23.2.1982.

Jannach, Hubert: The B. Traven Mystery. In: Books Abroad. 25. Jg. I., S. 28–29.

Jannach, Hubert: B. Traven – An American or German Author? In: German Quarterly. 36. Jg. Nr. 4 (November 1963), S. 459–468.

Jessen, Jens: »Land des Frühlings«. B. Traven als Marionette. In: Frankfurter Allgemeine Zeitung, 22.1.1980.

Johnson, William Weber: A Noted Novelist who Lived and Died in Obscurity. In: Los Angeles Times Calendar, 13.4.1969.

Johnson, William Weber: Pilgrimage to the Sierra Madre. In: Life, 30.5.1969.

Johnson, William Weber: The Carreta. An accurate reading of revolutionary storm clouds. In: The New York Times Book Review, 29.3.1970.

Johnson, William Weber: Trying to solve the enigma of the Sierra Madre. In: Smithsonian. März 1983, S. 157–175.

Joho, Wolfgang: Traven – Erkenntnisse und Irrtümer. In: Sonntag (Berlin, DDR), 6.3.1955.

Joho, Wolfgang: Traven, der Kapitalismus und der Kritiker. Diskussion um Traven (Schluß). In: Sonntag (Berlin, DDR), 12.6.1955.

Jonas, Ilsedore: B. Traven. In: Hermann Kunisch (Hg.): Handbuch der deutschen Gegenwartsliteratur. Bd. II. München ²1970, S. 253–255.

Jung, Franz: B. Traven. In: Franz Jung: Werke in Einzelausgaben. Feinde Ringsum. Prosa und Aufsätze 1912–1963. Werke 1, erster Halbband. Hamburg 1981, S. 285–286.

Kaminsky, S.: John Huston. Seine Filme – sein Leben. München 1981.

Kastely, James L.: Understanding the »work« of literature: B. Traven's »The death ship«. In: Mosaic. 18. Jg. (1985) H. 1, S. 79–96.

Kelleghan, Kevin M.: Mrs. Traven Explains »B. Traven Mystery«. In: International Herald Tribune, 8.4.1969.

Kenter, Heinz Dietrich: Der Baumwollpflücker. Roman. Von B. Traven. In: Die Literatur. 34. Jg. (1932) H. 5 (Februar).

Kenter, Heinz Dietrich: Der Schatz der Sierra Madre. Roman. Von B. Traven. In: Die Literatur. 35. Jg. (1933) H. 4 (Juni).

Kerber, Karl: Ein gewisser Traven. In: Frankfurter Allgemeine Zeitung, 20.1.1960.

Kluge, Alexander: Das Besondere an Traven. In: Die Welt, 27.7.1976.

Knauf, Erich: Traven, der große Unbekannte. In: Volksstimme (Frankfurt/M.), 19.8.1930.

Körner, Heribert / Pinkert, Ernst-Ullrich: Prinzip Utopia. Nicht Eldorado. B. Travens Roman »Die weiße Rose«. In: Text & Kontext. Zeitschrift für germanistische Literaturforschung in Skandinavien (München). 12. 1984, S. 330–348.

Koth, Werner P.: Wer ist B. Traven? In: Stern, 7.11.1959.

Kreiler, Kurt: Die Schriftstellerrepublik. Zum Verhältnis von Literatur und Politik in der Münchner Räterepublik. Berlin 1978.

Kristl, Wilhelm Lukas: Traven. Propagandist der Räterepublik? In: Publikation. 19. Jg. (1969) Nr. 5 (Mai).

Krüger, Werner: Seiwert im Kölnischen Kunstverein. In: Neues Rheinland. 21. Jg. (1978) Nr. 3 (März).

Küpfer, Peter: Aufklären und Erzählen. Das literarische Frühwerk B. Travens. Zürich (Phil. Diss.) 1981.

Küsel, Herbert: Schließfach 2701. Die Verborgenheit des B. Traven. In: Frankfurter Allgemeine Zeitung, 23.5.1967.

Kuhn, Christoph: Abenteuer im mexikanischen Tiefland. In: Tages-Anzeiger (Zürich), 4.4.1967.

Kuhn, Marc: Ist das Rätsel B. Traven gelöst? In: Volkswacht (Zürich), 20.7.1967.

Kunert, Günter: Karpfen à la Barbar. In: Sonntag (Berlin, DDR), 30.12.1956.

Kusche, Lothar: War B. Traven B. Traven? In: Die Weltbühne (Berlin, DDR), 15.4.1969, S. 458–460.

Le Blanc, Thomas: B. Traven – ein Mann ohne Gesicht. War der berühmte Schriftsteller und Revolutionär ein unehelicher Sohn des Kaisers? In: Wetzlarer Neue Zeitung, 24.11.1977.

Leser melden sich zu Wort. Diskussion um Traven (III). In: Sonntag (Berlin, DDR), 10.4.1955.

Linde, Bodo: Bruno Traven ist Ret Marut: Ende einer Legende. In: Die Abendzeitung, 25.11.1969.

Linde, Bodo: Traven-Rätsel weitgehend gelöst. Der geheimnisumwitterte Autor lebte bis 1919 in Deutschland. In: Kölnische Rundschau, 25.11.1969.

Linse, Ulrich / Rohrwasser, Michael: Der Mann, der nicht B. Traven war. Zur Biographie Robert Bek-grans. In: Bochumer ARCHIV für die Geschichte des Widerstandes und der Arbeit. Nr. 8. 1987, S. 75–98.

Ludwig, Martin H.: Sozialpolitik oder Revolution? Zu den Arbeitsbedingungen in Mexiko um 1920. In: Gemeinsame Zeitung. Nr. 6. 1978 (Ausgabe West).

Lübbe, Peter: Das Revolutionserlebnis im Werk von B. Traven. Rostock (Phil. Diss.) 1965.

Lübbe, Peter: Nachwort. In: B. Traven: Der Schatz der Sierra Madre. Berlin (DDR) 1966, S. 307–313.

Lübbe, Peter: Nachwort. In: B. Traven: Die Brücke im Dschungel. Berlin (DDR) [4]1967, S. 155–163.

Lübbe, Peter: Nachwort. In: B. Traven: Ein General kommt aus dem Dschungel. Berlin (DDR) [4]1967, S. 390–428.

Lutz, Joachim: Kritik zweier Kritiken. Diskussion um Traven (II). In: Sonntag (Berlin, DDR), 20.3.1955.

Machinek, Angelika: B. Traven und Max Stirner. Der Einfluß Stirners auf Ret Marut/B. Traven – Eine literatursoziologische Untersuchung zur Affinität ihrer Weltanschauungen. Göttingen (Andere Perspektiven. Interdisziplinäre Studien aus den Kulturwissenschaften Bd. 1) 1986.

Machinek, Angelika: B. Traven. In: Edmund Jacoby (Hg.): Lexikon linker Leitfiguren. Frankfurt/M., Olten, Wien 1988, S. 362–366.

Mahrholz, Werner: Deutsche Literatur der Gegenwart. Probleme, Ergebnisse, Gestalten. Berlin 1930, S. 437–438.

Martin, Hansjörg: Eine Trommel für Traven. In: Beck u.a. (Hg.): Das B. Traven-Buch, S. 9–10.

Martin, Hansjörg: Buchstaben – die buchstäbliche Lebensgefahr. Über das Abenteuer, verbotene Bücher zu lesen. In: Sammlung. 1981. Nr. 4, S. 10–12.

Matzker, Reiner: Der Attraktor. Eine Erzählung. Die Erlebnisse eines Münchner Zeitungsverlegers in den Jahren 1917–1919. Frei nach G. Landauer, R. Marut, E. Mühsam und V. Tausk. Berlin 1987.

McAlpine, William Reid: Der »Fall Traven«. In: Blick in die Welt (Hamburg). 1948. H. 22, S. 18–19.

Meuer, Adolf: Lebt B. Traven noch? In: Publikation (Bremen). 1964. H. 8.

Mezo, Rich. Eugene: The journey of Solipaz: a Study of Traven's fiction. University of North Dakota (Phil. Diss.) 1978.

Michaelis, Alfred: Wer ist B. Traven? In: Büchergilde (Zürich). 1948, S. 207–208.

Miller, Charles H.: B. Traven, American Author. In: Texas Quarterly (University of Texas Press). Austin 1963. Nr. 4, S. 162–168, S. 208–211.

Miller, Charles H.: B. Traven, Continued. In: The New York Times Book Review, 20.11.1966.

Miller, Charles H.: B. Traven, Pure Proletarian Writer. In: Ders.: Proletarian Writers of the Thirties. Carbondale und Edwardsville (Southern Illinois University Press) 1968.

Mühsam, Erich: Wo ist der Ziegelbrenner? In: Fanal (Berlin). 1. Jg. (1926/27) Nr. 7. April 1927, S. 1.

Müller, Kurt: Mit Traven auf der Bank. In: Deutsche Volkszeitung, 26.6.1970.

Müller, Renate: Das Phantom spielte hier sogar Theater. In: Kölnische Rundschau, 27.1.1978.

Mut, Erich: Der berühmte Autor, den niemand kennt. In: Hamburger Volksblatt, 12.4.1960.

Nagorni, Inge: Traven längst entdeckt. In: Die Zeit, 28.5.1967.

Neuhauser, Peter: Der Mann, der sich B. Traven nennt. In: Die Zeit, 12.5.1967.

Neurath, Otto: Bayrische Sozialisierungserfahrungen. Wien (Verlags-Genossenschaft »Neue Erde«) 1920, S. 19.

Oerter, Fritz: Die Zerstörung des Weltsystems. Red [sic!] Marut, der Anarchist. In: Der freie Arbeiter. 13. Jg. (1920). Nr. 31.

Ohly, Götz: Das Rätsel um den Dichter B. Traven. Der Agent der Menschenrechte lebte in München. In: Münchener Stadtanzeiger. Nr. 8. 25.2.1949, S. 4.

Ooyen, Hans v.: Die Rebellion der Gehenkten. In: Unsere Zeitung (Düsseldorf), 3.8.1978.

Oschilewski, Walter G.:»Meine Biographie ist unwichtig...«. B. Travens Lebensweg bleibt mysteriös. In: Berliner Stimme, 23.7.1977.

O'Shannon, Mishi: The dread spectre of truth. A realistic, naturalistic and romantic examination of the short stories of B. Traven. University of Texas at Arlington (Phil. Diss.) 1985.

Päßler, Edgar (Hg.): Neue BT-Mitteilungen. Frankfurt/M. 1978. Nr. 1 (nicht fortgesetzt).

Panter, Peter [d.i. Kurt Tucholsky]: B. Traven. In: Die Weltbühne. 26. Jg. (1930) H. 48, S. 793–800.

Paulsen, Wolfgang [d.i. Heinrich Wolfgang Horn, alias Wolfgang Cordan]: Ist Traven nun verheiratet oder nicht? In: St. Galler Tagblatt, 25.4.1958.

Paulsen, Wolfgang: B. Traven: Khundar. Das erste Buch der Begegnungen. In: Germanistik. 6. Jg. (1965) H. 3, S. 493.

Pankraz: B. Traven und das absolute Pseudonym. In: Die Welt, 9.8.1976.

Pepper, Hugo: Ist Traven Feige? In: Bücherschau (Wien). Nr. 65. Okt.–Dez. 1979, S. 1–7.

Pfabigan, Alfred: Der Schriftsteller B. Traven – ein Münchener Karl Kraus? In: Literatur und Kritik (Salzburg). 1974. Nr. 83, S. 161–170.

Pinkus, Theo: Besuch in der Calle Mississippi, 1974. In: Beck u..a. (Hg.): Das B. Traven-Buch, S. 111–117.

Plischke, Hans: Von Cooper bis Karl May. Eine Geschichte des völkerkundlichen Reise- und Abenteuerromans. Düsseldorf 1951, S. 134–135.

Pogorzelski, Winfried: Aufklärung im Spätwerk B. Travens. Eine Untersuchung zu Inhalt, formaler Struktur und Wirkungsabsicht des Caoba-Zyklus. Frankfurt/M., Bern, New York 1985. (= Europäische Hochschulschriften Bd. 855).

Preczang, Ernst: Der mexikanische Zola. In: National-Zeitung (Basel), 13.9.1936.

Pross, Harry: Ein Mann namens Feige. Die sonderbare Odyssee des Schriftstellers B. Traven. In: Stuttgarter Zeitung, 24.3.1979.

Ranow, Lapus: Der große Unbekannte: B. Traven. In: Die Kultur, 3.5.1963.

Raskin, Jonah: My Search for B. Traven. New York 1980.

Recknagel, Rolf: B. Traven und Ret Marut. Eine literaturkritische Untersuchung. In: Die Kultur, 1.12.1959.

Recknagel, Rolf: Geheimnis und Geschäft. In: Neue Deutsche Literatur. 1961. H. 2, S. 86–109; H. 3, S. 132–148.

Recknagel, Rolf: Marut – Traven. Ein Stilvergleich. In: Die Andere Zeitung, 12.7.1962.

Recknagel, Rolf: B. Travens Debüt in Deutschland. Untersuchungen über die Beziehungen Traven – Marut. In: Die Andere Zeitung, 11.10.1962 und 18.10.1962.

Recknagel, Rolf: Verschlungen vom Busch. Die Lebensspur B. Travens. In: Neue Deutsche Literatur. 10. Jg. (1962) H. 9, S. 30–48.

Recknagel, Rolf: Der Empörer B. Traven. Eine Einschätzung der wichtigsten Werke. In: Weimarer Beiträge. 1963. H. 4, S. 751–791.

Recknagel, Rolf: Aus unserer Korrespondenzmappe. In: Neue Deutsche Literatur. 11. Jg. (1963) H. 6.

Recknagel, Rolf: Über Traven gibt es keinen Zweifel. Das Mosaik eines Porträts. In: Die Andere Zeitung, 18.6.1964, 25.6.1964 und 2.7.1964.

Recknagel, Rolf: B. Traven. Beiträge zur Biographie. Leipzig 1966 und 1971; Berlin 1977; Leipzig 1982; Frankfurt/M. 1983.

Recknagel, Rolf: Das Geheimnis um den Schriftsteller Traven. In: Die Tat, 12.4.1969.

Recknagel, Rolf: Mein Briefwechsel mit B. Traven. In: Wochenpost (Berlin, DDR), 1.5.1969.

Recknagel, Rolf: Nachwort. In. B. Traven/Ret Marut: Der Ziegelbrenner. Faksimiledruck. Hg. von Max Schmid. Berlin 1976, S. I–XX.

Recknagel, Rolf: Einleitung. In: B. Traven/Ret Marut: Das Frühwerk. Berlin 1977, S. 7–24.

Recknagel, Rolf: Ein Künstler der Revolution – F.W. Seiwert. In: Neue Deutsche Literatur. 29. Jg. (1981) H. 7, S. 162–170.

Recknagel, Rolf: Neues über Traven. In: Neue Deutsche Literatur. 30. Jg. (1982) H. 12, S. 165–170.

Recknagel, Rolf: B. Traven. Triftige Gründe einer Anonymität. In: Wanderbühne. Zeitschrift für Literatur und Politik (Frankfurt/M.). Nr. 5. Frühjahr 1983, S. 49–52.

Recknagel, Rolf: Unbekannte Marut/Traven-Stories neuentdeckt! In: Schwarzer Faden (Grafenau). 1986. Nr. 22, S. 34–37.

Reimann, Hans: Noch immer gibt Traven Rätsel auf. Notizen zu »Aslan Norval«. In: Der Tagesspiegel, 25.8.1960.

Reinicke, Helmut: Abenteuer und Revolution. In: Beck u.a. (Hg.): Das B. Traven-Buch, S. 403–422.

Reinke, Charlotte: B. Traven. In: Das Deutsche Buch. 11. Jg. (1931) Nr. 7/8, S. 232–233.

Renn, Ludwig: Nachwort. In: B. Traven: Die Baumwollpflücker. Berlin (DDR) 1954, S. 273–275.

Retlaw, Fritz: Geheimnis um B. Traven gelüftet. Zwei Männer schrieben unter diesem Namen weltbekannte Bestseller. In: Ruhr-Nachrichten, 1.5.1967.

Retzlaw, Karl: Erinnerung an Ret Marut. In: Beck u.a. (Hg.): Das B. Traven-Buch, S. 100–102.

Richter, Armin: B. Traven und die Münchner Zensur. Unveröffentlichte Dokumente aus der Zeit des 1. Weltkrieges. In: Geist und Tat. 1970. H. 4, S. 225–233.

Richter, Armin: Ret Marut und die Sozialisierung der Presse. Neue Daten und Materialien zum revolutionären Pressekampf vor und während der Münchener Räterepublik. In: Publizistik. 16. Jg. (1971) H. 3, S. 279–293.

Richter, Armin: Der Widerspenstigen Zähmung. B. Travens Neugestaltung eines »exemplo« des Don Juan Manuel. In: Germanisch-Romanische Monatsschrift (Heidelberg). 1971. Bd. 21, S. 431–442.

Richter, Armin: B. Traven als Feuilletonist. Frühe unbekannte Arbeiten unter dem Pseudonym Ret Marut aufgefunden. In: Zeitschrift für deutsche Philologie. 91. Jg. (1972) H. 4, S. 585–606.

Richter, Armin: B. Traven (1882–1969). In: Peter Glotz / Wolfgang R. Langenbucher (Hg.): Vorbilder für Deutsche. Korrektur einer Heldengalerie. München, Zürich 1974, S. 153–168.

Richter, Armin: Der Ziegelbrenner (1917–1921). Das individualanarchistische Kampforgan des frühen B. Traven. Bonn 1977. (= Abhandlungen zur Kunst-, Musik- und Literaturwissenschaft. Bd. 209).

Rieger, Jonny: B. Traven und seine »Entdeckung«. In: Telegraf, 16.1.1949.

Rieth, Michael: Dem Untergang entgegen. Das »Totenschiff« des finnischen KOM-Theaters im TAT. In: Frankfurter Rundschau, 10.4.1982.

Riethoff, Bernard: Die Kunst des Aufschreibens. In: Frankfurter Hefte. 11. Jg. (1956) H. 3, S. 212–214.

Rilsky, Tatjana / Seyppel, Joachim: Das Stadttheater Crimmitschau spielt B. Traven. Ein Bruchstück. In: Wanderbühne (Frankfurt/M.). Nr. 3. Frühjahr 1982, S. 59–62.

Roch, Herbert: Deutsche Schriftsteller als Richter ihrer Zeit. Berlin (DDR) 1947, S. 131–136.

Rüdiger, Helmut: Die Traven-Legende. In: Frankfurter Allgemeine Zeitung, 5.8.1957.

Rühle, Jürgen: Literatur und Revolution. Die Schriftsteller und der Kommunismus. Köln, Berlin 1960, S. 470–475.

Sabais, Heinz W.: 30 Jahre Büchergilde Gutenberg. In: Bücher voll guten Geistes. Frankfurt/M. 1954, S. 17–50.

Sch.: Incognito bis in den Tod. Der Schriftsteller B. Traven ist in Mexiko gestorben. In: Die Welt, 28.3.1969.

Scharnhorst, Thorsten: B. Traven starb vor 32 Jahren. Ehemaliger Spanienkämpfer glaubt Torsvans Frau nicht. In: Neue Ruhr-Zeitung, 19.4.1969.

Scharrer, Adam: B. Traven und sein Erfolg. In: Die Linkskurve. 4. Jg. (1932) Nr. 3, S. 29–32.

Scherret, Felix: Das Werk B. Travens. In: Die Literatur (Stuttgart, Berlin). 1929/30, S. 389–390.

Schmid, Max: B. Traven und sein Ich-Erzähler Gerard Gale. Versuch einer Autobiographie. In: Beck u.a. (Hg.): Das B. Traven-Buch, S. 119–145.

Schmid, Max: Seemannsgarn. In: Beck u.a. (Hg.): Das B. Traven-Buch, S. 164–167.

Schmid, Max: Die »Wobblies« in Mexiko.

In: Beck u.a. (Hg.): Das B. Traven-Buch, S. 200–201.

Schmid, Max: B. Travens 100. Geburtstag oder Der Aufhänger. In: Tages-Anzeiger (Zürich), 25.2.1982.

Schmitz, Helmut: B. Travens Geschäftsführer. In: Frankfurter Rundschau, 20.10.1978.

Schnappauff, Ulrich: B. Traven – die Jagd auf den bekannten Unbekannten. Vierzig Jahre Versteckspiel eines Erfolgsautors. In: Die Welt, 31.3.1969.

Schoeller, Wilfried F.: Die Schattenfigur B. Traven. Neue Spekulationen um den Schriftsteller aus dem mexikanischen Busch. In: Süddeutsche Zeitung, 9.2.1984.

Schönherr, Johannes: B. Traven – der »Totenschiff«-Dichter. In: Tägliche Rundschau (Berlin), 4.6.1946.

Schönherr, Johannes: Wie B. Traven »entdeckt« wurde. In: Karl Dietz (Hg.): Der Greifen-Almanach auf das Jahr 1962. Rudolstadt 1961, S. 148–160.

Schönherr, Johannes: Piraten der Literatur. In: Karl Dietz (Hg.): Der Greifen-Almanach auf das Jahr 1963. Rudolstadt 1962, S. 182–202.

Schönherr, Johannes: Wer leert Postfach Mexiko-City 2701? In: Karl Dietz (Hg.): Der Greifen-Almanach auf das Jahr 1964. Rudolstadt 1963, S. 233–237.

Schönherr, Johannes: Wer ist B. Traven? B. Traven und die Büchergilde Gutenberg. In: Karl Dietz (Hg.): Der Greifen-Almanach auf das Jahr 1964. Rudolstadt 1963, S. 238–287.

Scholl, Bernadette: Die Büchergilde Gutenberg 1924–1933. In: Börsenblatt für den deutschen Buchhandel. Frankfurter Ausgabe. Nr. 76. 23.9.1983, S. B 89–109.

Schott, Kilian: Leitfaden anstelle eines üblichen Vorworts zur Handhabung der BT-Mitteilungen. In: BT-Mitteilungen Nr. 1–36 (Reprint). Berlin 1978, S. 7–19.

Schröder, Eduard: Der Erzähler Traven. In: Germania (Berlin), 27.10.1932.

Schürer, Ernst / Jenkins, Philip (Hg.): B. Traven. Life and Work. University Park and London (The Pennsylvania State University Press) 1987.

Schwarz, Freimut: B. Traven zum letztenmal. In: Die Weltbühne (Berlin, DDR). 1982. H. 18, S. 547–551.

Schwinghammer, Georg: Wer ist B. Traven? In: Frankfurter Rundschau, 16./17.10.1950.

Sd.: Sicher kein angenehmer Herr. Noch immer von Geheimnissen umwittert: Autor B. Traven. In: Frankfurter Neue Presse, 4.8.1977.

Seiffert, Johannes Ernst: B. Traven oder: Durchlöchert den staatlichen Bildungsfilter. In: Beck u.a. (Hg.): Das B. Traven-Buch, S. 358–360.

Sellhorn, Werner: Nachwort. In: B. Traven: Regierung. Berlin (DDR) 1964, S. 380–388.

Sellhorn, Werner: Nachwort und Bibliographie. In: B. Traven: Erzählungen. 2 Bde. Bd. 2. Berlin (DDR) 1968, S. 331–347 und 349–373.

Seufert, Heinrich: Ein literarisches Wunder: B. Traven. In: Die Literatur. 34. Jg. (1932) H. 8 (Mai).

Shabecoff, Philip: Author is Called a Son of Kaiser. B. Traven's Wife is Quoted by German Magazine. In: New York Times, 4.5.1967.

Sieburg, Friedrich: Das leere Geheimnis. In: Frankfurter Allgemeine Zeitung, 9.4.1960.

Sievers, Leo: Jubiläum eines Phantoms. In: Stern, 15.4.1982.

Skow, Joha: End of the chase. In: Time, 11.4.1977.

Sochaczewer, Hans: Ein deutscher Jack London. In: Rote Fahne (Berlin), 28.12.1930.

Söhn, Gerhard: Literaten hinter Masken. Eine Betrachtung über das Pseudonym in der Literatur. Berlin 1974.

Souchy, Augustin: Ist Traven entdeckt? Unser mexikanischer Korrespondent sagt: »Ja«. In: Du (Karlsruhe), 27.9.1948.

Souchy, Augustin: Wahres und Falsches über Bruno Traven. In: Geist und Tat. 13. Jg. (1958) H. 4, S. 117–120.

Souchy, Augustin: Weiß man nun wirklich alles über Traven? In: Geist und Tat. 22. Jg. (1967) H. 4, S. 250–251.

Souchy, Augustin: Briefe aus Mexiko. In: Der Monat (Berlin). 19. Jg. (1967) Nr. 230 (November), S. 94–95.

Souchy, Augustin: Aus meiner Travenmappe. In: Beck u.a. (Hg.): Das B. Traven-Buch, S. 102–109.

Sperr, Monika: Von Traven lernte ich zweierlei: Mitgefühl und Widerstand. In: Beck u.a. (Hg.): Das B. Traven-Buch, S. 355–358.

Spitzegger, Leopold: Wer ist B. Traven? In: Plan. Literatur, Kunst, Kultur (Wien). August 1946. H. 8, S. 668–671.

Spoer, Ben [d.i. Ernst Prenczang]: Ein fabelhafter Kerl! (10 Jahre Traven). In: Büchergilde (Zürich). 1936. H. 4, S. 51–65.

Spota, Luis: »Mañana« Descubre la Identidad de B. Traven! In: Mañana (Mexiko), 7.8.1948, S. 10–26.

StN: Zwei Leute schrieben Travens Bücher. Ein gewisser August Bibljé und Travens »Manager« Torsvan. In: Stuttgarter Nachrichten, 22.8.1963.

Stone, Judy: Conversations with B. Traven. In: Ramparts (San Francisco). 6. Jg. (1967) Nr. 3 (Oktober), S. 55–70.

Stone, Judy: The mystery of B. Traven. Los Altos, Calif. (Kaufmann) 1977.

Stoppelman, Francis: Traven ging ins Feuer. In: Sie und Er, 10.4.1969.

Strasser, Charlot: 4 neue amerikanische Dichter. Jack London, Upton Sinclair, Sinclair Lewis, B. Traven. 7 Vorlesungen. Zürich (Schweizer Verband d. Personals öffentliche Dienste) 1929, S. 137–150.

Strasser, Charlot: Arbeiterdichtung. 7 Vorlesungen. Zürich 1930, S. 190–197.

Strothmann, Dieter: B. Torsvan, Ret Marut, B. Traven. In: Die Neue, 19.5.1979.

Suárez, Luis: Ich besuchte Traven. In: Elan. 1967. Nr. 1.

Suárez, Luis: Al borde del fin, Traven pensó en un escopetazo al estilo Hemingway. In: Siempre (Mexiko), 9.4.1969.

Theroux, Paul: Solving the Traven mystery. In: Sunday Times, 22.6.1980.

Thoel, Rolf: »Totenschiff« im Atelier. Rätsel um den Autor Traven bleiben ungelöst. In: Die Welt, 19.7.1958.

Topp, Helmut: Wiederbegegnung mit Traven. In: Die Buchbesprechung (Leipzig). 1955. H. 1, S. 8–14.

Torsvan, B.T.: Yo no soy Traven! In: Hoy (Mexiko), 14.8.1948.

Tremper, Will: Traven & Heidemann. In: Welt am Sonntag, 20.1.1980.

Tucholsky, Kurt: Der Geschäftsmann in der Literatur. In: Ders.: Gesammelte Werke. Bd. 8, S. 58–60.

Tschörtner, H[einz] D[ieter]: B. Traven – Schöpfer der »Mahagoni-Serie«. In: Deutschunterricht (Berlin, Leipzig). 14. Jg. (1961) H. 10, S. 586–591.

Tschörtner, H.D.: Nachwort. In: B. Traven: Die weiße Rose. Berlin (DDR) 1972, S. 313–328.

Tschörtner, H.D.: Noch immer Rätsel um B. Traven. In: Der Bücherkarren (Berlin, DDR). 1979. H. 2.

Tschörtner, H.D.: B. Travens Werk in der DDR. In: Börsenblatt für den deutschen Buchhandel (Leipzig). 150. Jg. (1983) H. 4, S. 66–69.

Tschörtner, H.D.: B. Travens Werk in der DDR. In: Marginalien (Berlin, DDR). 89. Jg. (1982) H. 1, S. 52–64 (enthält ein Verzeichnis aller DDR-Ausgaben Travens).

Tschörtner, H.D.: Unbekannte Briefe Ret Maruts aus dem Jahre 1914. In: Neue Deutsche Literatur. 32. Jg. (1984) H. 12, S. 156–163.

Tschörtner, H.D.: B. Traven: »Der Schatz der Sierra Madre«. In: Deutschunterricht (Berlin, DDR). 37. Jg. (1984), S. 238–241.

tt: 5000 Dollar für einen Namen. Der Mann,

der verborgen blieb. Ein ungelöstes Rätsel. In: National-Zeitung (Berlin), 13.4.1960.

Ueding, Gert: Ein Panorama des Elends und der Versklavung. In: Frankfurter Allgemeine Zeitung, 5.6.1982.

Victor, Walther: Ein mexikanischer Baumwollpflücker wurde ihr Autor. Die Büchergilde Gutenberg. In: Sonntag (Berlin, DDR), 16.9.1956.

Viesel, Hansjörg (Hg.): Literaten an der Wand. Die Münchner Räterepublik und die Schriftsteller. Frankfurt/M. 1980.

Weber, Hans v.: Der Ziegelbrenner. In: Der Zwiebelfisch (München). 8. Jg. (1916/17) H. 6, S. 187.

Weber, Hans v.: Der Ziegelbrenner. In: Der Zwiebelfisch. 10. Jg. (1919) H. 3/4, S. 146.

Weimer, Victor: Konsequenz und Optimismus fehlen. In: Sonntag (Berlin, DDR), 25.8.1957.

Weinberg, Elly: Ich suche Traven. In: Büchergilde (Zürich). 1936. H. 11, S. 180–181.

Welle-Strand, Edvard: Begegnung mit Traven. In: Kulturwille (Leipzig). 8. Jg. (1932) H. 4/5, S. 71–72; auch in: Berliner Tageblatt. Nr. 128, 1932.

West, Anthony: The Great Traven Mystery. In: The New Yorker, 22.7.1967.

West, John Anthony: Traven's »Death Ship« – Authentic, Hypnotic and Maybe Alchemical. In: The New York Times Book Review, 10.11.1985.

Wichart, Ferdinand: Der Wirt von Acapulco. Besuch bei dem Dichter B. Traven. In: Frankfurter Allgemeine Zeitung, 30.8.1952.

Wieder, Josef: Travens Schweizer Beauftragter. In: Du (Karlsruhe), 28.6.1948.

Wieder, Josef: Ist Traven entdeckt? ...Travens schweizerischer Verleger sagt »Nein«. In: Du, 27.9.1948.

Wieder, Josef / Mateos, Esperanza López / Luján, Rosa Elena (Hg.): BT-Mitteilungen. Zürich, Mexico D.F. 1.1.1951–26.4.1960 (Nr. 1–36); Reprint. Mit einem Vorwort von Kilian Schott. Berlin 1978.

Wieder, Josef: Wer ist der Schriftsteller B. Traven? In: Telegraf (Berlin), 17.8.1952.

Wieder, Josef: Das Ende vom »Ende der Legenden«. In: BT-Mitteilungen. Nr. 28. August 1957.

Wieder, Josef: Warnung. In: Börsenblatt für den deutschen Buchhandel (Frankfurter Ausgabe). 14. Jg. 30.9.1958 (3. Umschlagseite).

Wieder, Josef: Travens »Trommler« antworten Wolfgang Cordan. In: BT-Mitteilungen. Nr. 32. Dezember 1958.

Wieder, Josef: B. Traven und Ret Marut. Travens Agent Josef Wieder antwortet

Rolf Recknagel. In: Die Kultur (München). Nr. 148. Februar 1960.

Wit / F. St.: Ein literarischer Wegelagerer. In: Büchergilde (Zürich). 1936. H. 9, S. 149–152.

Wolf, Arthur: B. Traven. Der soziale Klassiker Südamerikas. In: Der proletarische Atheist (Leipzig). 1932. H. 4, S. 5.

Woodcock, George: On the Track of B. Traven. In: Times Literary Supplement, 27.8.1976.

W. Tr.: Traven, ein deutscher Erzähler. In: Die Tat. 21. Jg. (1929) H. 9, S. 714–715.

Wyatt, Will: Alias B. Traven. In: Times, 21.6.1980.

Wyatt, Will: The man who was B. Traven. London 1980.

Wyatt, Will: The Secret of the Sierra Madre. The man who was B. Traven. Garden City, New York 1980.

Wyatt, Will: Introduction. In: Ret Marut: To the honourable Miss S... and other stories. Westport (Conn.) 1981, S. I–XVI.

Wyatt, Will: B. Traven. Nachforschungen über einen »Unsichtbaren«. Hamburg 1982.

Young, Al: On the Lam, in the Gang. In: The New York Times Book Review, 7.5.1978.

Z.: B. Traven? ... Oder ... E.L. Mateos? In: Du (Karlsruhe), 19.5.1947.

zchs: Marut ... Traum ... Traven. In: Du (Karlsruhe), 12.4.1948.

Zerfass, Julius: Versteckspiel um Traven. In: Geist und Tat (Hamburg). 1950. H. 1, S. 25–26.

Ziersch, Roland: Aus dem Leben einer Milliardenerbin. In: Süddeutsche Zeitung, 1.12.1960.

Zwerenz, Gerhard: B. Traven, übrigens, hat nie gelangweilt. In: Beck u.a. (Hg.): Das B. Traven-Buch, S. 360–361.

o. Verf.: So nebenbei. In: Simplicissimus (München). Nr. 37. 10.12.1918.

o. Verf.: Ein mißglückter Vortrag. In: Münchener Neueste Nachrichten, 17.12.1918.

o. Verf.: B. Traven. In: Die Büchergilde (Berlin). 1930. H. 11, S. 168.

o. Verf.: Traven – ein Welterfolg. In: Die Büchergilde (Berlin). 1931. H. 10, S. 300–302.

o. Verf.: B. Traven, der mysteriöse Dichter. In: Die Büchergilde (Berlin). 1931. H. 11, S. 351.

o. Verf.: freunde von traven. In: a bis z. Mai 1932, S. 96.

o. Verf.: Traven, der Mann vom roten Karren. In: Berliner Lokalanzeiger, 4.12.1932.

o. Verf.: Halt, wer da? – B. Traven. In: Die Büchergilde (Berlin). 1933. H. 4, S. 55–56.

o. Verf.: Das Grundelement der Bücher von B.

Traven. In: Büchergilde (Zürich). 1936. H. 1, S. 2–6.

o. Verf.: Der Ziegelbrenner. Ein seltener bibliographischer Fund enthüllt: Der Dichter B. Traven war ein politischer Seher. In: Du (Karlsruhe), 18.5.1948.

o. Verf.: Das Rätsel um den Dichter B. Traven. In: Münchener Stadtanzeiger, 25.2.1949.

o. Verf.: Das Geheimnis um Traven. In: Büchergilde (Zürich). 1949. H. 5, S. 104.

o. Verf.: Traven hat nie gelebt! Endlich die Lösung des Problems »Traven«? In: Sie (Berlin), 2.10.1949.

o. Verf.: Vom »Karren« zum »General«. In: BT-Mitteilungen. Nr. 4 (Juni 1951); Nr. 5 (August 1951); Nr. 6 (März 1952); Nr. 7 (Mai 1952); Nr. 8 (Juli 1952); und Nr. 9 (Oktober 1952).

o. Verf.: Traven, der größte Erzähler Mexikos. In: Büchergilde (Zürich). 1951. H. 7, S. 148–149.

o. Verf.: Nicht Bendrich Traven Torsvan, sondern Professor Tannenbaum. In: Die Kultur (München). 9. Jg. März 1960.

o. Verf.: Eine famose Entdeckung! B. Traven, ein ehemaliger slovenischer Schafhirte? In: BT-Mitteilungen. Nr. 36. April 1960.

o. Verf.: Wer ist B. Traven alias Ret Marut? In: Österreichische Volksstimme (Wien), 28.2.1963.

o. Verf.: Käpt'n Bilbo ... ist B. Traven. In: Vorwärts, 23.10.1963.

o. Verf.: Geheimnis mit leichten Stockflecken. In: Neue Deutsche Literatur. 12. Jg. (1964) H. 5, S. 187.

o. Verf.: Charles Trefny war Traven. In: Norddeutsche Neueste Nachrichten (Rostock), 14.7.1965.

o. Verf.: Überflüssige Legenden. Schlüssiges und weniger Schlüssiges: Das Rätselraten um B. Traven. In: Die Welt, 2.6.1967.

o. Verf.: B. Traven. In: Der Spiegel, 31.3.1969.

o. Verf.: »Er ist ein Sohn des Kaisers«. Die Geschichte von dem Schriftsteller und der Frau, die sein Geheimnis verriet. In: Stern, 13.4.1969.

o. Verf.: Gruß Dir Hochverräter. In: Der Spiegel. 1978. Nr. 4, S. 151–152.

o. Verf.: Stammt Traven aus Schwiebus? In: Hamburger Abendblatt, 21.12.1978.

Notizen

Michael L. Baumann, geboren 1926 in Leipzig; seit 1938 in den USA; B.A., Reed College; M.A. und Ph.D., University of Pennsylvania; seit 1972 Professor für Amerikanistik, California State University, Chico; 1978/79 Gast-Professor (Fulbright) für Amerikanistik und Kanadistik, Universität Erlangen; 1979/80 Gast-Professor (Deutsche Forschungsgemeinschaft) für Amerikanistik und Kanadistik, Universität Hannover; Publikationen über B. Traven, T.S. Eliot, kanadische Autoren.

Heiner Boehncke, geboren 1944; promovierter Literaturwissenschaftler und Publizist in Frankfurt/M. und Bremen. Als Redakteur beim Hessischen Rundfunk beschäftigt. Zuletzt erschien »Reiseziel Revolution. Berichte deutscher Reisender aus Paris 1789–1805« (zusammen mit Harro Zimmermann, 1988).

Jürgen Dragowski, geboren 1951; über den Zweiten Bildungsweg die Allgemeine Hochschulreife erlangt; Deutsch- und Geschichtsstudium an der Universität Bremen, 1986 Erstes Staatsexamen; arbeitet z. Zt. im Fachbereich 8 (Geschichte) der Universität Bremen an einer Dissertation über die »Geschichte der Büchergilde Gutenberg in der Weimarer Republik«.

Karl S. Guthke, geboren 1933; Dr. phil. 1956 an der Universität Göttingen, Professor an der University of California, Berkeley und an der Universität Toronto, seit 1968 in Harvard; Guggenheim Fellow 1965; Arbeitsgebiete: Lessing, Haller, Hauptmann, Literarisches Leben im 18. Jahrhundert. Veröffentlichte zuletzt: »B. Traven. Biographie eines Rätsels« (1987).

Christine Hohnschopp, geboren 1960; studierte in Frankfurt/M. Germanistik und Politik; Mitherausgeberin und Redakteurin der von 1981–1983 erschienenen Zeitschrift »Wanderbühne« in Frankfurt/M. Dem hier publizierten Artikel liegt eine Staatsexamensarbeit (maschinenschriftlich: Frankfurt/M. 1985) gleichen Themas zugrunde.

Peter Lübbe, geboren 1930; 1955 bis 1960 Studium der Germanistik und Geschichte an der Universität Rostock, 1960 bis 1969 Lektor für Literatur der DDR im Hinstorff Verlag (Rostock); promovierte 1965 mit der Dissertation »Das Revolutionserlebnis im Werk von B. Traven«; lehrte von 1969 bis 1973 deutsche Literaturgeschichte und Landeskunde der DDR am Germanistischen Institut der Universität Jyväskylä (Finnland); 1973 bis 1981 Wissenschaftlicher Mitarbeiter des Forschungsinstituts der Friedrich-Ebert-Stiftung; 1982 Mitorganisator und Beiträger der internationalen Traven-Konferenz der Pennsylvania State University; 1982/83 Wissenschaftlicher Mitarbeiter des Bundesministeriums für innerdeutsche Beziehungen, 1983 bis 1985 Forschungsstipendiat der Fritz-Thyssen-Stiftung. Buchveröffentlichungen: »Der staatlich etablierte Sozialismus« (1975); »Kommunismus und Sozialdemokratie« (1978); »Kulturelle Auslandsbeziehungen der DDR« (1981); »Kautsky gegen Lenin« (Hg., 1981); »Dokumente zur Kunst-, Literatur- und Kulturpolitik der SED 1975–1980« (1984).

Angelika Machinek, geboren 1956 in Holzminden; Studium der Germanistik, Politik, Soziologie und Publizistik an der Georg-August-Universität in Göttingen, 1981 Staatsexamen für das Lehramt an Gymnasien; Promotion an der Johann Wolfgang Goethe-Universität in Frankfurt/M. 1985 mit einer literatursoziologischen Untersuchung über den Einfluß des Philosophen Max Stirner auf die literarische Boheme und das Werk B. Travens (veröffentlicht Göttingen 1986); Tätigkeiten beim Hessischen Rundfunk in Frankfurt, als wissenschaftliche Mitarbeiterin an der Universität Göttingen in der Erwachsenenbildung, als Fluglehrerin und als Verlagslektorin; seit 1987 Dramaturgin am Deutschen Theater in Göttingen. Veröffentlichungen zu Themen der Gegenwartsliteratur.

Reiner Matzker, geboren 1953; 1984 Promotion. Herausgeber der kulturwissenschaftlich-religionsphilosophischen Reihe »sog«. Mitherausgeber der Forschungsberichte zur Germanistischen Medienwissenschaft. Veröffentlichungen: »Der nützliche Idiot. Wahnsinn und Initiation bei Jean Paul und E. T. A. Hoffmann« (1984); »Landschaftserfahrung im Film«, in: »Filmkunst« Nr. 113 (1987); verschiedene Aufsätze in der Reihe »sog.«; Erzählungen.

Beat Sterchi, geboren 1949 in Bern; ging 1970 nach Kanada, dort Studium der Anglistik, 1975 bis 1977 Sprachlehrer in Tegucigalpa (Honduras), dann bis 1982 wieder in Kanada, als Deutschlehrer in Montreal, dort Arbeit über Traven. 1983 erschien sein Roman »Blösch«, der in mehrere Sprachen übersetzt wurde und für den er einige Literaturpreise bekam. Lebt seit 1984 in Chiva/Spanien, seit 1989 auch in Berlin.

Das Bildmaterial für dieses Heft stellte uns freundlicherweise die Büchergilde Gutenberg zur Verfügung. Wir danken deren Leiter Edgar Päßler und Frau Grit Fischer.

KLG TEXTDIENST

edition text + kritik · levelingstraße 6a · 8000 münchen 80

Der KLG TEXTDIENST öffnet allen Beziehern und Benutzern des »Kritischen Lexikons zur deutschsprachigen Gegenwartsliteratur – KLG*« sein umfangreiches Archiv sonst schwer zugänglicher Sekundärliteratur.

Das KLG-Archiv enthält z. Zt. über 20.000 Artikel und Rezensionen aus Zeitungen und Zeitschriften, die in den Bibliographien der Sekundärliteratur zu allen im KLG behandelten Autoren aufgeführt sind.
Das KLG-Archiv wird mit jeder Nachlieferung zum KLG um die Artikel und Rezensionen erweitert, die in die Verzeichnisse der Sekundärliteratur neu aufgenommen wurden. Alle Belege werden im KLG-Archiv unter derselben Ordnungsnummer wie im Verzeichnis der Sekundärliteratur geführt und unabhängig von der Originalveröffentlichung im Kopie-Format DIN A 4 ausgegeben.

Für Anforderungen einzelner Belege genügt es, den Autor und die Ordnungsnummer des gewünschten Beitrags

aus dem Verzeichnis der Sekundärliteratur im KLG (z. B. »Günter Wallraff, Nr. 46«) zu nennen.
Bestellungen und Anfragen erledigt das KLG-Archiv in wenigen Tagen. (Die Grundgebühr für Versandkosten und fünf DIN-A4-Kopien beträgt DM 5,––. Jede weitere DIN-A4-Kopie kostet DM 0,70).

»Das ›Kritische Lexikon zur deutschsprachigen Gegenwartsliteratur‹ – kurz: das ›KLG‹ – ist für rund 13.000 Benutzer ein unentbehrliches Arbeitsmittel geworden. Jetzt wird sein Stellenwert noch erhöht – durch einen außergewöhnlichen Service, den ›KLG-Textdienst‹: eine einzigartige und für ein kommerzielles Unternehmen einmalige Einrichtung.«

(Hartmut Panskus im Börsenblatt für den deutschen Buchhandel)

KLG TEXTDIENST

Günter Wallraff   Die Zeit, 14.6.1974

Revue aus Reportagen

*

Heinz Ludwig Arnold (Hg.)

Kritisches Lexikon zur deutschsprachigen Gegenwartsliteratur – KLG

Loseblattwerk, z. Zt. etwa 6900 Seiten in sieben Ordnern, DM 248,––

Das KLG ist das erste Autorenlexikon in Loseblattform. Es informiert gründlich und immer aktuell über die Schriftsteller der deutschsprachigen Gegenwartsliteratur.
Regelmäßige Nachlieferungen bringen die Beiträge auf den aktuellen Stand und erweitern das KLG um neue Autoren.

Wie kommt der Richter zu seinem Henker?

Literatur im Unterricht mit Oldenbourg-Interpretationen

Die bewährte Reihe ,,Interpretationen für Schule und Studium'' wird fortgesetzt unter der neuen Bezeichnung Oldenbourg-Interpretationen. Ein neuer Umschlag und ein neues Schriftbild kennzeichnen die neue Interpretationenreihe. Zusätzliche Vorschläge für die Behandlung im Unterricht ergänzen jeden Band. Fordern Sie unseren ausführlichen Sonderprospekt an!

Oldenbourg

Oldenbourg
Interpretationen
mit Unterrichtshilfen

Friedrich Dürrenmatt
Der Richter und sein Henker

interpretiert von
Walter Seifert

Hinterhältiger Anschlag, mit Liebe kombiniert?*

*oder: Titel des ersten bürgerlichen Trauerspiels (1784) von Friedrich Schiller

■ »**Kreuzworträtsel zur Literatur**« sind für alle die gedacht, denen es Freude macht, mit Literatur einmal ganz anders umzugehen. Das Rätsellösen als bekannter und beliebter Zeitvertreib wird hier genutzt, um Inhalte des Deutschunterrichts unterhaltsam in Erinnerung zu bringen.

Die variabel und ansprechend gestalteten Rätsel gruppieren sich um die verschiedensten Bereiche, mit Schwerpunkten Klassik und 19. Jahrhundert:
Literatur allgemein, Geflügelte Worte, Literaturgeschichte, Literaturanalyse, Einzelwerke Goethes.

Ganz besonderen Spaß wird diese Sammlung anspruchsvoller Kreuzworträtsel allen Erwachsenen bereiten, die sich gerne mit Literatur beschäftigen. Und wenn man einmal nicht weiterkommt: die Auflösungen stehen am Ende.

**KREUZWORT-
RÄTSEL
ZUR LITERATUR**
**Unterhaltsame Auffrischung
literarischer Kenntnisse.**
Von Rainer Madsen.
51 Seiten, geheftet,
DM 8,40 (6441)

Verlag Moritz Diesterweg · Postfach 11 06 51 · D-6000 Frankfurt 1

Diesterweg

text + kritik

edition

Verlag edition text + kritik GmbH

Levelingstr. 6a · 8000 München 80

Heinz Ludwig Arnold (Hg.)

**Kritisches Lexikon zur
fremdsprachigen
Gegenwartsliteratur – KL_f_G –**

Loseblattwerk, zur Zeit etwa
4.100 Seiten in vier
Ordnern, DM 198,––

Das KL_f_G informiert fortlau-
fend und ergänzend über
Biographie, Werk und Wir-
kung jener fremdsprachigen
Schriftsteller, die das Bild der
zeitgenössischen Literatur
ihres Sprach- und Kultur-
raums prägen und deren
Werk ganz oder in wesentlichen Teilen in deutscher
Übersetzung vorliegt. Die Artikel des KL_f_G werden nicht
nur aus den deutschen Übersetzungen, sondern immer
auf der Grundlage des
originalsprachigen Gesamt-
werks und in Kenntnis seiner
besonderen historischen,
gesellschaftlichen und kultu-
rellen Bedingungen und
Zusammenhänge erarbeitet –
nur so kann ein sinnvolles
Verständnis gerade auch für

außereuropäische Literaturen
und ihre Schriftsteller vermittelt werden.
Dem biographischen Abriß zu
jedem Schriftsteller folgt ein
kritisch analysierender Beitrag über Werk und Wirkung.
In den umfassenden Werkver-
zeichnissen sind alle Original-
ausgaben und alle Übersetzungen erfaßt. Die ausführlichen Sekundärbibliogra-
phien verzeichnen auch
wichtige Rezensionen und
Artikel. Überblicksaufsätze
informieren über die verschiedenen Literaturen der fünf
Kontinente. Regelmäßige
Nachlieferungen bringen die
Beiträge auf den aktuellen
Stand und erweitern das KL_f_G
kontinuierlich.

»Wer nicht nur schmökern,
sondern studierend lesen will,
wer neugierig auf Plots und
Leserreaktionen, auf Form &
Gehalt, auf die Spannung von
Erfahrung und Spiel ist, der
wird hier fündig.«
(Frankfurter Rundschau)

»...nicht nur ein vortreff-
liches Nachschlagewerk, sondern auch eine vorzügliche
Einlesehilfe in hierzulande
wenig bekannte Kultur-
zusammenhänge.«
(Wissenschaftliche Verlags-
gesellschaft, Universitas)

»...darf das Loseblattwerk
schon jetzt als umfangreich-
stes und aktuellstes Welt-
literatur-Kompendium in
deutscher Sprache gelten.«
(Hessisch-Niedersächsische
Allgemeine)

Ariadne
Die Frauen-Krimi-Reihe bei Argument

Kennen Sie Sam Spade oder Phil Marlowe? Man wird sie in Zukunft an ihren weiblichen Kollegen Kate Delafield, Harriet Fordham Croft und Stoner McTavish messen.

Joy Magezis

Unter-getaucht

Ariadne Krimi

Marion Foster

Wenn die grauen Falter fliegen

Ariadne Krimi

zeitig müssen sich sich gegen männliche Übergriffe verteidigen und ihre neuen Lebensweisen gegen alte Traditionen durchsetzen. Ariadne-Krimis können abonniert werden. Pro Jahr erscheinen drei bis vier Titel.

Diese Detektivinnen — feministisch, selbstbewußt und unbescheiden — kommen auch aus den großen Ländern des Kiminalromans: England und den USA. Auch sie verfolgen das Verbrechen aus Leidenschaft oder Geldgier, bekämpfen den Verrat. Aber gleich-

Anthony Gilbert

Das Geheimnis der alten Jungfer

Ariadne Krimi

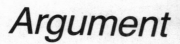

Argument

Frühe Texte der Moderne

Verlag edition text + kritik GmbH

Levelingstraße 6a, 8000 München 80

Friedrich Wilhelm Wagner

Jungfraun platzen männertoll
Ausgewählte Gedichte

edition text+kritik

Frühe Texte der Moderne

Jungfraun platzen männertoll Ausgewählte Gedichte

Friedrich Wilhelm Wagner

Jungfraun platzen männertoll Ausgewählte Gedichte

Herausgegeben und mit einem Nachwort versehen von Wilfried Ihrig unter Mitarbeit von Ulrich Janetzki
167 Seiten, DM 32,--

Zahlreiche Nachdrucke des grotesken Gedichtes »Ballon« in Anthologien der letzten Jahre haben auf den expressionistischen Lyriker Friedrich Wilhelm Wagner (1892-1931) aufmerksam und neugierig gemacht. Er war ein umgetriebener Jüngling, der ein paar Jahre lang dichtete wie ein Besessener; sein unstetes Leben spiegelt sich im Spektrum seiner Themen, gewährleistet die Authentizität seiner Dichtung.

Diese Werkauswahl gibt einen Überblick über Wagners lyrisches Schaffen und stellt die Person des Dichters in einem Essay und mit Fotos vor. Ohne Friedrich Wilhelm Wagner wäre unser Bild des Expressionismus unvollständig.

Expressionistische Dichtung in der Reihe
Frühe Texte der Moderne

Franz Richard Behrens

Blutblüte
Die gesammelten Gedichte
Band 1 der Werkausgabe

Hg. von Gerhard Rühm
383 S., DM 35,-- / Ln. 42,--

Albert Ehrenstein Wie bin ich vorgespannt den Kohlenwagen meiner Trauer Gedichte

Frühe Texte der Moderne
edition text + kritik

Albert Ehrenstein

»Wie bin ich vorgespannt den Kohlenwagen meiner Trauer«
Gedichte

Hg. von Jörg Drews
Zweite Auflage
199 Seiten, DM 32,--

Victor Hadwiger

Il Pantegan. Abraham Abt
Prosa

Hg. von Hartmut Geerken
307 Seiten, DM 42,--

Georg Kulka

Werke

Hg. von Gerhard Sauder
332 Seiten, DM 46,--

► TheaterZeitSchrift ◄

Theater – warum sollte es für einen so wichtigen Bereich keine Fachzeitschrift geben?

Hier ist sie, die kritische, wissenschaftliche
TheaterZeitSchrift.

TheaterZeitSchrift – das heißt über Theater ins Gespräch zu kommen: sachlich und fundiert, kontrovers und kritisch, ironisch und versiert.

TheaterZeitSchrift vermittelt Einblicke über Tendenzen auf dem Kulturmarkt: woher Entwicklungen kommen, wohin sie gehen.

TheaterZeitSchrift beschäftigt sich in jedem Heft mit einem Schwerpunktthema, weiterhin Literaturbesprechungen „mit Biß", Neuerscheinungsliste und internationale Zeitschriftenschau.

Selber lesen...

...die TheaterZeitSchrift können Sie im Abonnement für DM 34,– zzgl. Versandkosten beziehen. Vier Bände mit ca. 120 bis 144 S. Einzelhefte können Sie für DM 12,– nachbestellen.

Lieferbare Schwerpunkthefte: 4–Zielgruppentheater · 6–Provinztheater · 7–Autoren · 10–Frauen am Theater II · 11–Klassiker · 13–Spektakel · 17/18–Kinder- und Jugendtheater (Doppelheft) · 19–Theaterstadt Berlin · 20–Bilderwelten · 21–Volkstheater · 22–Medienwissenschaft · 23–Theater in Lateinamerika · 24–Neue Trends der Kulturpolitik · 25–1968/1988 · 26–Fernsehunterhaltung · 27–Theaterausbildung (März 1989) · 28–Theatergeschichte nach 1945 (Juni 1989) · 29–Wirkung (September 1989)

Verlagsanschrift: Wochenschau Verlag, Adolf-Damaschke-Straße 103, D-6231 Schwalbach/Ts.

Literatur und andere Künste

edition text + kritik

Verlag edition text + kritik GmbH
Levelingstr. 6a, 8000 München 80

**Literatur
und andere Künste**

**Herausgegeben von
Eberhard Lämmert
und Thomas Koebner**

Die vielfältigen Beziehungen und Wechselwirkungen zwischen literarischem Text und Malerei, Musik, Theater, Film und Fotografie stehen zur Diskussion. Ein erweiterter Blickwinkel über die Gattungsgrenzen hinaus bietet neue Einblicke, vermag veraltete kulturkritische Stereotype zu revidieren.

Thomas Koebner (Hg.)
**Laokoon und kein Ende:
Der Wettstreit der Künste**
150 Seiten, DM 26,––

Seit Lessings Schrift ist kein Ende abzusehen in der Diskussion über die Verteilung der Aufgaben und Funktionen der Künste und über ihre strenge oder lockere Abgrenzung voneinander. Der Band führt neue Perspektiven und Blickwinkel in den Diskurs ein.

Wolfgang Kemp (Hg.)
**Der Text des Bildes.
Möglichkeiten und
Mittel eigenständiger
Bilderzählung**
131 Seiten, DM 24,––

Die bildende Kunst steht im Mittelpunkt: das Verhältnis zwischen der »Gleichzeitigkeit« der Bilder und dem »Nacheinander« des erzählten Textes. Daß im Medium »feststehender« Bilder, auf Fresken, Tafeln oder in Buchillustrationen erzählt werden kann, beschreibt und dokumentiert dieser Band.

Außerdem sind erschienen:

Eberhard Lämmert /
Dietrich Scheunemann (Hg.)

**Regelkram und
Grenzgänge.
Von poetischen Gattungen**
165 Seiten, DM 28,––

Jochen Brunow (Hg.)
**Schreiben für den Film.
Das Drehbuch als eine
andere Art des Erzählens**
109 Seiten, DM 22,––

Wolfgang Frommel: Briefe an Freunde
Von einer Spanienreise
Mai–August 1951

Dies ist kein Reiseführer, kein Handbuch. Das Spanien dieser Briefe ist heute so wenig mehr anzutreffen wie das Italien der *Italienischen Reise*. Frommel nähert sich seinem 50. Lebensjahr: den Geburtstag im Juli 1951 begeht er an Bord, auf der Überfahrt nach den Kanarischen Inseln. Es ist eine Expedition, die sie unternehmen, keine Urlaubsreise. Für Frommel ist es "ein Vorstoss, ein Abtasten neuer Räume". "Erst indem ich alles nicht nur für mich, sondern auch für meine Freunde betrachte, bekommt es Relief und Gliederung".

Die Offenheit seines Erlebens, sein ganz ausserordentliches epistolarisches Talent, der durchschwingende Ton führen den Leser in seine unmittelbare Nähe. Mitteilungs- und Darstellungsfreude – und nächtens die Angst, das negative Prinzip könnte wieder hervorbrechen und das Zerstörungswerk vollziehen.

120 Seiten, Engl. Broschur
Hfl 40,- DM 36,-   ISBN 90 6034 069 8

Wolfgang Frommel
Stélio. Ein Bericht

Wenn der Verfasser mit einer treffenden Selbstdarstellung auch nicht zurückhält – die Erzählung vom Knaben Stélio bleibt, wie er sagt, "das Modell einer Geschichte". Jeder, vom Erzähler über die Mutter Stélios bis hin zum Leser, wird zum Initianten. Von Wolfgang Frommel (1902–1986) wird berichtet, er "war ein Genie der Freundschaft. Wer ihm begegnete, spürte etwas von der 'Magie', die ihm viele seiner Freunde zuschrieben" (FAZ).

Ein dreissigjähriger deutscher Dichter lebt als Emigrant in Paris. Jahre später schildert ein Erzähler-Ich die Begegnung mit diesem rätselhaften Menschen, der "ständig ergreifbar und ergriffen, dennoch über eine Art Tarnkappe verfügt, die ihn wunderbar beschützt und ihn plötzlich jeglichem Zugriff und Angriff enthebt... Bei ihm war alles einschliesslich, kaum etwas ausschliesslich: wieviel Anlass zu Fehldeutungen..." Der Wechsel von Erzähler-Bericht und direkter Aussage der Betroffenen erinnert als narrative Technik an die *Rosa Alchemica* des William Butler Yeats.

CASTRVM PEREGRINI PRESSE

1000 AP AMSTERDAM · POSTBOX 645

112 Seiten, Engl. Broschur
Hfl 40,- DM 36,-   ISBN 90 6034 066 3

TEXT+KRITIK

Die Reihe über Autoren

Günter Grass
(1) 6. Aufl.,
164 S., DM 28,–

Hans Henny Jahnn
(2/3) 3. Aufl.,
160 S., DM 15,–

Georg Trakl
(4/4a) 4. Aufl.,
123 S., DM 17,50

Günter Eich
(5) 3. Aufl.,
48 S., DM 8,–

Ingeborg Bachmann
z. Zt. vergriffen

Andreas Gryphius
(7/8) 2. Aufl.,
130 S., DM 15,–

Politische Lyr
(9/9a) 3. Aufl.,
111 S., DM 14,50

Hermann Hesse
(10/11) 2. Aufl.,
132 S., DM 17,50

Robert Walser
(12/12a) 3 Aufl.,
85 S., DM 12,–

Alfred Döblin
(13/14) 2. Aufl.,
80 S., DM 8,80

Henry James
(15/16) vergriffen

Cesare Pavese
(17) vergriffen

Heinrich Heine
(18/19) 4. Aufl.,
203 S., DM 21,50

Arno Schmidt
(20/20a) 4. Aufl.,
221 S., DM 34,–

Robert Musil
(21/22) 3. Aufl.,
179 S., DM 22,–

Nelly Sachs
(23) 2. Aufl.,
60 S., DM 8,–

Peter Handke
(24/24a) 4. Aufl.,
151 S., DM 14,50

Konkrete Poesie I
(25) 3. Aufl.,
47 S., DM 6,50

Lessing contra Goeze
(26/27) 2. Aufl.
81 S., DM 7,80

Elias Canetti
(28) 3. Aufl.
88 S., DM 13,50

Kurt Tucholsk
(29) 3. Aufl.,
103 S., DM 16,–

Konkrete Poesie II
(30) 2. Aufl.,
55 S., DM 5,50

Walter Benjamin
(31/32) 2. Aufl.,
122 S., DM 14,–

Heinrich Böll
(33) 3. Aufl.,
156 S., DM 18,50

Wolfgang Koeppen
(34) 60 S., DM 6,–

Kurt Schwitters
(35/36) 87 S., DM 8,80

Peter Weiss
(37) 2. Aufl.,
136 S., DM 17,50

Anna Seghers
(38) 2. Aufl.
149 S., DM 18,50

Georg Lukács
(39/40) 90 S., DM 9,80

Martin Walser
(41/42) 2. Aufl.,
117 S., DM 15,–

Thomas Bernhard
(43) 2. Aufl.,
113 S., DM 13,50

Gottfried Benn
(44) 2. Aufl.,
168 S., DM 22,50

Max von der Grün
(45) 53 S., DM 6,50

Christa Wolf
(46) 3. Aufl.,
136 S., DM 19,50

Max Frisch
(47/48) 3. Aufl.,
152 S., DM 17,50

H. M. Enzensberger
(49)
133 S., DM 18,50

Friedrich Dürrenmatt I
(50/51) 2. Aufl.,
141 S., DM 12,–

Siegfried Lenz
(52) 2. Aufl.
88 S., DM 12,–

Paul Celan
(53/54) 2. Aufl.
152 S., DM 21,–

Volker Braun
(55) 65 S., DM 6,50

**Friedrich
Dürrenmatt II**, 2. Aufl.,
56) 91 S., DM 14,–

Franz Xaver K
(57) 65 S., DM 8

EXT+KRITIK

Die Reihe über Autoren

...chhuth
7 S., DM 8,–

Wolfgang Bauer
(59) 53 S., DM 8,–

Franz Mon
(60) 80 S., DM 9,80

Alfred Andersch
(61/62) 125 S., DM 15,–

Ital. Neorealismus
(63) 78 S., DM 9,80

Marieluise Fleißer
(64) 95 S., DM 12,–

Uwe Johnson
(65/66) 128 S., DM 15,–

...rwin Kisch
8 S., DM 8,–

Siegfried Kracauer
(68) 90 S., DM 12,–

Helmut Heißenbüttel
(69/70) 126 S., DM 15,–

Rolf Dieter Brinkmann
(71) 102 S., DM 13,50

Hubert Fichte
(72) 118 S., DM 13,50

Heiner Müller
(73) 97 S., DM 13,50

Joh. Christian Günther
(74/75) 142 S., DM 18,50

...eiß
S., DM 12,–

Karl Krolow
(77) 95 S., DM 13,50

Walter Mehring
(78) 83 S., DM 12,50

Lion Feuchtwanger
(79/80) 148 S., DM 18,50

Botho Strauß
(81) 111 S., DM 14,50

Erich Arendt
(82/83) 155 S., DM 19,50

Friederike Mayröcker
(84) 98 S., DM 14,50

...der Kluge
166 S., DM 19,50

Carl Sternheim
(87) 112 S., DM 15,50

Dieter Wellershoff
(88) 116 S., DM 16,–

Wolfgang Hildesheimer
(89/90) 141 S., DM 19,50

Erich Fried
(91) 135 S., DM 18,50

Hans/Jean Arp
(92) 119 S., DM 16,50

Klaus Mann
(93/94) 141 S., DM 21,–

...stein
S., DM 15,50

Ernst Meister
(96) 98 S., DM 16,–

Peter Rühmkorf
(97) 94 S., DM 16,–

Herbert Marcuse
(98) 123 S., DM 18,50

Jean Améry
(99) 85 S., DM 15,50

Über Literaturkritik
(100) 112 S., DM 16,50

Sarah Kirsch
(101) 104 S., DM 17,50

...en
00 S., DM 17,50

NOTTINGHAM UNIVERSITY LIBRARY

TEXT+KRITIK

Die Reihe über Autoren

Sonderbände

Jean Paul
3. Aufl.,
309 S., DM 36,–

Heinrich Mann
4. Aufl.,
180 S., DM 28,–

Bertolt Brecht I
2. Aufl.,
165 S., DM 14,50

Bertolt Brecht II
2. Aufl.,
228 S., DM 21,–

Joseph Roth
2. Aufl.,
166 S., DM 18,–

Karl Kraus
243 S., DM 19,50

Thomas Mann
2. Aufl.,
265 S., DM 32,–

Theodor W. Adorno
2. Aufl.,
196 S., DM 23,–

Georg Büchner I/II
2. Aufl.,
479 S., DM 42,–

Die Gruppe 47
2. Aufl.,
326 S., DM 42,–

Friedrich Gottlieb Klopstock
129 S., DM 17,50

Georg Büchner
315 S., DM 36,–

Johann Wolfgang von Goethe
363 S., DM 42,–

Martin Luther
265 S., DM 35,–

Ingeborg Bachmann
217 S., DM 34,–

Ernst Bloch
305 S., DM 41,–

Oskar Maria Graf
224 S., DM 34,–

Karl May
299 S., DM 42,–

Bestandsaufnahme Gegenwartslite...
317 S., DM 38,...